矢原隆行
Takayuki Yahara

Reflecting
リフレクティング
会話についての会話という方法

ナカニシヤ出版

はじめに

　会話，対話，議論，討論，会議，協議，相談，面談，対談，懇談，談義などなど，それぞれの言葉が含むニュアンスはさまざまですが，私たちの日常には，会話や話し合いが溢れています。いや，もしかすると，私たちの日常に会話が溢れているというよりも，私たちを取り巻く会話こそが私たちの日常を構成している，といった方がよいのかもしれません。自分以外の人々とともに生活し，何事かについて一緒に考え，共同して何らかの仕事を成し遂げ，ときには争ったり，なぐさめたり，その過程で落ち込むことも，勇気づけられることも，自分が何者であるかを気づかされることも，また，忽然と世界が新たな様相を帯びて目の前にひらけてくることも，その時々の会話によって生み出されているのだということを私たちはよく知っています。相手から投げかけられたことばを身体全体で受けとめ，自分自身の発したことばに自ら新鮮な驚きを感じる。おそらくそれは，人類が音声言語を獲得したはるか昔にまで遡って見出される私たち人間の本質的な姿でしょう。数千年前に遡る文字の発明・普及という人類の文明にとっての決定的な変化，数百年前に遡る印刷技術の発達，さらに，電信・電話をはじめ，インターネットの登場に代表されるような現代に至るさまざまな情報通信技術の発達は，私たちのコミュニケーションの複雑性を飛躍的に高めてきました。しかし，そのような歴史を踏まえた今日においてもなお，会話が私たちの生活の基盤に存在し続けていることは，疑いえない事実といえます。そう，**私たちは会話を生み出しつつ，会話の中を生きている**。

　しかし，それほどに馴染んだものであるはずの会話や話し合いが必ずしもうまくいかない，いや，どちらかといえばあまりうまくいかないことの方が多いということも，ほとんどの人が実感している現実でしょう。暇つぶしのための四方山話ならば，多少の会話のすれ違いも気にならないかもしれませんが，伝えたい気持ちを強くもっているのに噛み合わない会話，こちらの話を聞いてほしいのに一方的に意見を押し付けられるような面談，形式をなぞるだけで結論はどこかで決まっていることが見え透いた無意味な会議，各々の主張が繰り広げられるばかりで何も進展することのない話し合い。こうした状況にうんざり

したことのある人も少なくないのではないでしょうか。うまくいかない会話は，人々の関係を困難なものにするでしょうし，そのような状況におかれた人々の関係は（もし，それが長年にわたって構築されてきたものであればなおのこと），有効な会話を生じにくくさせがちでしょう。そして，いずれは生き生きとした会話が潰え，話し合いが萎え，人々の関係自体が硬直したり，途絶えてしまったりすることさえあるかもしれません。すなわち，**何らかの思いを伝えようとするとき，会話はけっして容易なものではない**。

では，こうした事態にどのような対応が可能でしょうか。意思疎通がうまくいっていないことが問題ならば，コミュニケーションの機会をさらに増やせばよいという考え方もあるかもしれません。しかし，会話や話し合いがうまくいかないとき，ただ一層の話し合いさえすれば，本当に事態は好転するのでしょうか。ことばを尽くすほど，話を重ねるほどに気持ちがすれ違い，遠ざかっていくような体験に心当たりのない人はむしろ稀なはずですし，徒に無駄な会議や話し合いを増やすことで，かえって組織や集団を疲弊させてしまうといったことも，何らかの理由でそれを直視しようとしない（あるいは，そこで囁かれている声にあえて耳を傾けようとしない）一部の人々以外にとっては，まったく明らかな場合が多いでしょう。おそらく，**必要なことは，これまでとは異なるかたちの会話の空間をつくりだすこと**。

本書は，「会話についての会話」という画期的なコミュニケーション方法について紹介することを目的としています。1980年代後半，ノルウェーの臨床家であるトム・アンデルセン（Tom Andersen）らによって，リフレクティング（reflecting）という耳新しい言葉で提唱されたこの方法は，画期的であると同時にとてもシンプルで，場合によっては，ごく当たり前の話し合いのようにも見えるものです。アンデルセン自身の魅力的な表現を借りれば，それは「実行できるくらい単純な，有用と思えるくらい創造的な，どこでも行えるほど小さな，しかも我々の関心を失わせないだけの予期せぬ驚きに満ちた何ものか」（Andersen ed. 1991=2001: 124）だといえます。端的にいえば，それは丁寧に「はなす」ことと「きく」ことから成り立っています。こんなふうにあまりにも単純にいってしまうことで，この方法への読者の関心や期待が損なわれてしまうかもしれないことを危惧しつつも，やはりそういわざるをえません。しかし，

私たちはふだんどれほど本当に話せており，本当に聞けているのか。

　ブラジルの教育者，実践者，思想家として知られるパウロ・フレイレ（Paulo Freire）は，「真の言葉を話すということは，世界を変革することである」(Freire 1970=1979: 95) と述べています。大げさに聞こえるかもしれませんが，私たちが会話を通して私たちの日常を生み出し，その中で生きていく存在である以上，本当に話す，ということは，それほどのことでしょうし，本当に聞く，ということもまた，やはりそれほどのことでしょう。1985 年 3 月，アンデルセンがその場にいる人々とともに初めてリフレクティングに取り組んだとき，それはたしかにひとつの世界のあり方を変革することを意味していました。では，**私たちはこれからどのような会話をおこない，世界をどのようにして変革していくことができるのか。**

　本書は，アンデルセンの記述を踏まえながら，この画期的な方法について紹介することを目指しています。この方法は，家族療法という固有の文脈の中で生まれましたが，その応用範囲は実に幅広く，すでに世界各地のさまざまな分野で活用が進んでいます。もちろん，読者の創造力次第では，まだ誰も予想もしていないような新たな領域での活用も可能でしょう。そのために，本書は広義のセラピーや対人援助にかかわる専門家の方はもちろん，さまざまな分野で日々の会話やコミュニケーションのあり方について振り返ってみたいと感じているであろうすべての人に向けて書きました。また，たんに読み物としてではなく，実践を進めるうえでの手引きとして，読者の皆さんがさまざまな場面で実際にリフレクティングを活用する際に役立つよう，筆者自身の実践経験や各地での実践状況の見聞を踏まえた具体例も紹介しています。一方で，リフレクティングが決してたんなる新奇な会話の形式やテクニックに留まるものではないことを伝えるため，手順や具体例のほかに，その理論的含意についても，筆者なりの視点から考察しています。すなわち，**本書は新たな会話，新たなコミュニケーションをデザインしていくための手引きであり，人々が次なる手引きをつくるために用いることのできる理論書でもある。**

　家族療法に由来するその歴史的文脈を紹介した第 1 章や，リフレクティングについて理論的吟味を試みた第 3 章の議論の一部については，難しく感じる方もいるかもしれません。もちろん，会話において聞かない自由があるのと同様

に，読書においても読まない自由があります。さらに，読書においては，目次の章立てにこだわらず，読者の必要に応じて読む順序を決める自由や，繰り返し読む自由，その時々の自分にフィットしたペースで読み進める自由もあります（読者という役割を脱してしまえば，本書を鍋敷きや焚火の火種にする自由だってあるでしょう）。

　たとえば，何はともあれリフレクティングの実践から始めることに関心のある読者は，まず第2章でその基本手順を学び，第4章から第7章で分野ごとのバリエーションや事例を確認することによって，ただちに身近な領域でのリフレクティングの活用に取り組むことができるでしょう。そして，一通り実践でその効果を堪能したあと（きっと多少の興奮と同時に多くの疑問も生まれるでしょうから），この方法の歴史的背景や理論的含意について，第1章や第3章を読んであらためて確認する，という読み方も面白いかもしれません。いずれにせよ，読者が本書との会話を通して独自のリフレクティングの方法を生み出し，その「場」にかかわる人々にとって心地良い新鮮な風が吹き抜けていくような新たな会話の空間，新たなコミュニケーション・デザイン，そして，新たな社会を切り拓いていくことに本書を役立ててくださるなら，筆者としてそれにまさる喜びはありません。それでは，**どうぞよい会話の旅を。**

　　　　　　　　　　　　　　　　　　　　　　　　　　　　　　矢原隆行

目　次

はじめに　*i*

第1部　基本編

1　端緒：分岐点としてのひとつの出来事とそのいくつかの文脈 ── 3

　　1　文脈としての家族療法（1）コミュニケーション・モデル　*3*
　　2　文脈としての家族療法（2）ミラノ・システミック・モデル　*10*
　　3　文脈としてのアンデルセンの歩みとその夜の出来事　*13*

2　基本：規則ではなく，手引きのようなものとして ── 23

　　1　基本概念　*24*
　　2　基本構成　*28*
　　3　基本手順　*32*
　　4　会話の作法　*37*
　　5　会話の環境　*43*
　　プラスワンポイント［アンデルセンにおける会話のイメージ］　*46*

3　特質：本体・様相・作用の観点から ── 47

　　1　本体：観察を観察すること　*48*
　　2　様相：ヘテラルキーと斜め性　*61*
　　3　作用：かたり，はなし，ゆるひ　*69*
　　4　「うつし」としてのリフレクティング　*76*

第2部　応用編:さまざまな領域のための具体的プログラム

4　スーパービジョンのためのプログラム ——————— 85

1　スーパービジョンの意義と類型　*86*
2　リフレクティング応用の仕組みと手順　*88*
3　具 体 例　*92*
プラスワンポイント［観察焦点のバリエーション］　*99*

5　事例検討のためのプログラム ——————————— 101

1　事例検討の意義と基本構成　*101*
2　リフレクティング応用の仕組みと手順　*103*
3　具 体 例　*107*
プラスワンポイント［アズ・イフ・プロセス］　*113*

6　職種間等の連携促進のためのプログラム —————— 117

1　連携・協働の類型と課題　*117*
2　リフレクティング応用の仕組みと手順　*121*
3　具 体 例　*125*
プラスワンポイント［多部署・多機関による会議］　*132*

7　その他の多様なプログラム ———————————— 135

1　質的研究の分析における活用　*135*
2　地域での住民座談会における活用　*136*
3　専門職へのフィードバック・ミーティングにおける活用　*137*
4　オープン・ダイアローグにおける活用　*138*

プラスワンポイント ［オープン・ダイアローグとリフレクティング・プロセス］　*141*

おわりに　*143*

参考文献　*145*
事項索引　*151*
人名索引　*154*

第1部
基本編

1 端　緒
分岐点としてのひとつの出来事とそのいくつかの文脈

　この章では，リフレクティングが生まれた1985年3月のある木曜日の夜の出来事と，そこに至る文脈，とりわけ家族療法の文脈について紹介する。その後，世界各地に広まり，多岐にわたる領域で幅広い応用がなされるリフレクティングも，当然のことながらその最初の実践は，固有の時空間，固有の社会環境，固有の場，すなわち，そこに至る諸々の出来事の累積からなる固有の文脈において生じた。リフレクティングの誕生という出来事は，そうした文脈に生じたひとつの大きな分岐点といえる。しかし，それは誰にとっての分岐点か。もちろん，それは臨床家としてのアンデルセン自身の歩みにおけるひとつの分岐点である。しかしまた，同時にそれは「家族療法」，あるいは，「セラピー」「対人援助」，さらには「コミュニケーション」といった，より大きな文脈（それら大きな文脈もまた，さらに大きな別の文脈のうちに位置づけることができるのだが）における分岐点として理解することができるし，そうすることで，この夜の出来事がもつ意味合いは一層明確になる。もし，本章が迂遠と感じられる読者は，次章から読み始められてもよいが，リフレクティング誕生の文脈を踏まえることでこそ，その試みがいかにコミュニケーション論や家族療法の理論的成果を引き継ぐものであり，かつ，いかに従来のセラピーにおける社会関係に対して画期的なものであるかを知ることができるだろう。

1 文脈としての家族療法（1）コミュニケーション・モデル

　そもそも，個人の内部に焦点をあてる傾向が強かった従来の心理療法に対し

て，家族全体をひとまとまりの対象と捉えた臨床活動の試みがアメリカで始まったのは，1950年代のことだ。そう遠い昔ではない。1960年代になると，家族療法のマスターセラピストと呼ばれる臨床家たちがそれぞれの活動拠点を立ち上げ，研究活動・臨床活動を展開していく。多様な理論的背景を有するそれら臨床家たち各々の方法は，相互に影響を与え合いつつも，当然一枚岩とはいい難いものであった。しかし，その変革の総体としてのインパクトは強烈なものであり，それ自体，「セラピー」という文脈における大きな分岐点といえる。解決志向アプローチで知られるスティーヴ・ド・シェイザー（Steve de Shazer）が当時の様子を振り返って述べた次の言葉からもそのことが読み取れるだろう。

> 家族療法においては，個人の病気は，家族の，または家族システムの病気として鋳直された。30年たった現在では，個人から家族への移行，「病気」を個人から家族へ再配置すること，すなわち「プシケからシステムへ」の移行が，どのくらいラディカルで革命的であったかを理解するのは難しいだろう（de Shazer 1991=1994: 30）。

家族療法の登場により，それまで個人において，さらにいえば，個人の「心」において見出されてきた「病気」は，家族の「システム」において見出されるようになったのだ。もちろん，こうした説明はただちに，「では，そのシステムとはいったい如何なるものを指すのか？」という疑問を引き起こすだろう[1]。実際，システムの視点から家族を捉えることにおいては共通点が見られるにしても，どのようなシステムとしてそれを捉えるのかについては，その当初から臨床家の間に多様な意見が存在していた。

そもそも，家族療法のパラダイム自体がより大きな文脈における認識論の転

---

1) きわめて多様な用いられ方をしているシステム概念を明確に定義することは難しい。ここでは，ひとまずシステム概念の最も基本的な定義を示しておく。「システムとは相互に作用する要素の複合体と規定できる。相互作用とは要素pが関係Rにおいて存在すること，したがってRの中での一つの要素pのふるまいが別の関係R'の中でのそのふるまいと異なることを意味する」（Bertalanffy 1968=1973: 51）。すなわち，システムとは何らかの特質を有するひと連なりの作用であり，そこにおける要素とは当該システムの水準より分析的に析出される一単位であるといえる。

回,すなわち,一般システム論のパラダイムシフトに編み込まれて進展してきたのであり,そこでの変化が家族療法の重要な分岐点を構成していることも看過されるべきではない。ただし,それらの詳細を論じることは,本書の企図を超えるし,すでに広範な紹介を含む書籍類も存在している[2]。ここでは,以後の説明の都合上,とりわけ家族療法の第一世代を代表するモデルの一つである「コミュニケーション・モデル」と,その流れを引き継ぎ,アンデルセンに直接の影響を与えた「ミラノ・システミック・モデル」に焦点をあてて見ていこう。

その当初から家族療法の歴史とともに歩んできた家族療法家のリン・ホフマン(Lynn Hoffman)は,その著書(Hoffman 1981=2006)において,家族研究の揺籃期に最も強い影響を与えた人物として心理療法家ではなく,情報理論家のクロード・シャノン(Claude Elwood Shannon),サイバネティストのノバート・ウィーナー(Norbert Wiener),一般システム理論のルートヴィヒ・フォン・ベルタランフィ(Ludwig von Bertalanffy),そして,グレゴリー・ベイトソン(Gregory Bateson)の名前を挙げている。ベルタランフィによる一般システム理論[3]の提唱が 1945 年,シャノンの情報理論[4]が 1947 年,ウィーナーのサイバネティクス[5]が 1948 年である。きわめて幅広い射程を有するとはいえ,本来,数学や自然科学を基盤とするこれらの理論が,はたしてどれほど直接的に家族療法の領域に影響を及ぼしえたのかについては,議論の余地があろうが,1950 年代以降の家族療法の登場と発展が,こうした新たな科学の繚乱という大きな文脈のうちに位置づけられていることは了解できるだろう[6]。

---

2) 内外の家族療法の理論と実践の広がりについては,包括的かつ詳細な日本家族研究・家族療法学会編(2013)を参照。
3) ベルタランフィの一般システム理論については,Bertalanffy(1968=1973)を参照。
4) シャノンは,情報量を通信の立場から事象の起こる確率によって数学的に定義し,情報についての理論を創始した。シャノンの情報理論については,Shannon & Weaver(1967=2009)を参照。
5) サイバネティクス(cybernetics)とは,「舵手」を意味するギリシャ語の $\kappa \upsilon \beta \varepsilon \rho \nu \acute{\eta} \tau \eta \varsigma$ からつくられた語で,機械も動物も含めた制御と通信の全領域を統一的に扱う学問である。ウィーナーのサイバネティクスについては,Wiener(1948=2011)を参照。
6) いわゆるサイバネティクス学者たちとベイトソンとの交錯点であるメイシー会議の様子については,Heims(1991, 1993=2001)にその空気を感じることができる。

とりわけ，以下に紹介するダブルバインド説（1956）で有名なベイトソンは，家族療法と直接の接点を有する。ベイトソンは，ダブルバインド論文の共著者で家族療法の父といわれるドン・ジャクソン（Donald deAvila Jackson）が1959年にカリフォルニア州のパロ・アルトに創設したMRI（Mental Research Institute）にその理論的基盤を提供し，その後も現在に至るまで家族療法に大きな影響を及ぼし続けている。このMRIでおこなわれたのがコミュニケーション・モデルによる家族療法である。

このモデルの考え方の基盤を構成しているのが，ベイトソンによるコミュニケーション理論だ[7]。この理論の中でベイトソンは，その抽象レベルによりコミュニケーションに階梯を見出す。たとえば，二匹の子ザルがときに争うような素振りで，じゃれあっている場面を思い浮かべてほしい。そこで交わされる行為やシグナルは，闘いのなかで交わされるものとかなり似ているが，似て非なるものである。つまり，そこでは「闘い」というコミュニケーションと同時に「これは遊びだ」という「コミュニケーションについてのコミュニケーション」（＝メタ・コミュニケーション）がなされていることになる。一見，ありふれたことのようにも思われるこうした場面は，しかし，論理的にいえばパラドックスにほかならない。なぜなら，「遊びとしての闘い」は，「闘い」を表すが，「闘い」が表すところのもの（いわば「闘い」そのもの）は表さないのだから。

同様のことは人間の世界でも，いや，言語を用いる人間の世界でこそ，より複雑な形で日常的に見出されるだろう。実際，誰かから何かを話しかけられるとき，われわれはその誰かが話す内容自体と，その誰かが今この場でそれを話すことの意味とを別のものとして理解する姿勢を身につけている（たとえば，筆者自身まだ体験したことはないが，京都のお宅を訪問した際に慇懃に「ぶぶ漬けでもどうどす？」といわれれば，それが一般に何を意味するのかを多くの日本人は知っているだろう）。論理的に理解しようとすれば，これはきわめて困難な事態にほかならない。しかしまた，われわれの日々の経験から明らかなように，現実のコミュニケーションは，多くの場合，そのような論理的パラドックスに頓着することなく展開されていく。

---

7) ベイトソンのコミュニケーション理論については，Bateson（1972=2000）を参照。また，野村直樹（2008）が読みやすく示唆に富む。

ベイトソンは，ある種の精神病理について，こうしたパラドックスが深く関与しているのではないかと考え，さらには，サイコセラピーのテクニックにおいても，それが活用されている可能性を検討した。こうした視点から定式化されたのがダブルバインド説である。

　ベイトソンによれば，ダブルバインド状況を構成する要件は，以下のとおりである。

---

①ふたりあるいはそれ以上の人間

②繰り返される経験：一回ではなく，繰り返される経験のなかで，ダブルバインド構造に対する構えが習慣として形成される。

③第一次の禁止命令：a「これをすると，お前を罰する」，あるいは，b「これをしないと，お前を罰する」という形式をとる。

④より抽象的なレベルで第一次の禁止命令と衝突する第二次の禁止命令：ふつう非言語的手段によって伝えられる，第一次のレベルのメッセージのどの要素とも矛盾する禁止のメッセージ。

⑤犠牲者が関係の場から逃れるのを禁ずる第三次の禁止命令

⑥犠牲者が自らの意味宇宙をダブルバインドのパターンにおいて知覚

　こうしたダブルバインド状況を浮き彫りにする出来事として，ベイトソンは，以下のような具体例を挙げている。

　分裂症の強度の発作からかなり回復した若者のところへ，母親が見舞いに来た。喜んだ若者が衝動的に母の肩を抱くと，母親は身体をこわばらせた。彼が手を引っ込めると，彼女は「もうわたしのことが好きじゃないの？」と尋ね，息子が顔を赤らめるのを見て「そんなにまごついちゃいけないわ。自分の気持ちを恐れることなんかないのよ」と言いきかせた。患者はその後ほんの数分しか母親と一緒にいることができず，彼女が帰ったあと病院の清掃夫に襲いかかり，ショック治療室に連れていかれた（Bateson 1972 = 2000: 306）。

ここで若者に生じているのは，母への愛を示すことも，また示さないことも禁じられた解決不能のジレンマである。この若者と母親との間では，こうしたコミュニケーションが習慣的に繰り返され，同時に，親子関係の中でそこから逃れることも，そのようなコミュニケーションについてコミュニケートすることによって（すなわち，コミュニケーションにおけるそうした矛盾状況について発言するというメタ・コミュニケーションを用いることによって）それを打ち壊し，そこから解放されることも禁じられていたであろうことが推察される。

　1950年代前半に遂行された精神分裂症（現在は，統合失調症と呼称変更）に関する研究を通し，ベイトソンらによって描出されたこうしたダブルバインド状況について適切に理解しておくことは，本書の主題であるリフレクティング・プロセスの特質を捉えるうえでも不可欠である。そのため，大切な点について，いま少し敷衍しておこう。今日，巷間でダブルバインド状況として注目されがちなのは，「相手から届くメッセージが，その高次のレベルと低次のレベルにおいて矛盾する」という二つのレベルのメッセージ間に生じるパラドキシカルな事態だろう。しかし，先にも述べたように，二つのレベルのメッセージ間の矛盾は，われわれの日常的コミュニケーションにおいてごくありふれたものであり，それ自体で必ずしも深刻な困難をもたらすようなものではない。では，ベイトソンが示した若者と母親の例に見られるような困難な状況は，何故に生じるのか。

　精神科医であり，思想家としても知られる木村敏は，ダブルバインド状況について再考するなかで，「この矛盾が自己の成立を妨げるような効果を持つためには，この矛盾は，形の上ではその一方の側に過ぎないメタレヴェルのメッセージそのものに内在しているのでなければならない」（木村 2005: 177-178）と指摘している[8]。そう。注意を払うべきは，犠牲者である若者の自己の成立を妨げるようなメタレベルのメッセージそのものに内在する矛盾，すなわち，

---

8) ここで木村がいう「自己」には，次のような独特の含意が込められている。「絶対の他が確実に働いているような『あいだ』の場所においてのみ，人と人とのあいだに自然な潤いが感じられ，『気』が伸びやかに活動し，『間』が『間』として一切の出来事を生み出すことができる。そのような状態のことを，われわれは『自己』と呼んでいるのである」（木村 2005：177）。

「犠牲者」がそこから逃れ難い（あるいは，自らの意思により脱出可能性をもたない）関係において何かを「禁止」し「命令」するような，その場の文脈に内在する矛盾にほかならない。この「文脈に内在する矛盾」の存在を剔抉したことこそ，ベイトソンのコミュニケーション理論にもとづくダブルバインド説の画期的な成果といえる（少々先取りしていえば，ベイトソンのこの成果の本質を独自のあり方で引き継ぐものとしてアンデルセンのリフレクティングは生まれたと筆者は考えている）。

さらに，ベイトソンらの研究グループは，こうした患者家族の臨床データに関する検討を進めると同時に，独特な催眠技法で知られるミルトン・エリクソン（Milton Hyland Erickson）らのセラピー場面の観察をおこない，そこにおいてもある種のダブルバインド（それは「治療的ダブルバインド」と呼ばれる）が用いられていることを確認する。こうした研究を踏まえて構築されたのがダブルバインドを治療に活用するMRIのコミュニケーション・モデルである。

このモデルでは，たとえば，不眠を訴える患者に，「起きているように」と指示を与える。この場合，指示に反して患者が眠ってしまったならば，不眠の症状は解消されたことになるし，患者が指示どおりに起きていたならば，患者は自分の意志で睡眠をコントロールできたことになる。つまり，いずれの場合にもその結果を治癒的な反応と見なすことができるわけである。不眠を訴える患者に「起きているように」という指示を与えること，すなわち，「症状の処方」（Watzlawick et al. 1967=1998: 238）が治療的ダブルバインドの一形態であることは，容易に理解されるだろう。では，どうしてこうした一見とんち問答のような方法が有効なのだろうか。

コミュニケーション・モデルでは，変化には二つのタイプがあると考える。一つはシステムの内側で生じ，システム自体は不変の変化，もう一つはシステム自体の変化である。前者は第一次変化，後者は第二次変化と呼ばれる（Watzlawick et al. 1974=1992: 27）。たとえば，不眠に悩む人がなんとか眠ろうとしてあれこれの努力をするのは第一次変化であるが，この場合，眠ろうと意識しすぎて眠れなくなるといった悪循環が生じてしまうことも多いだろう。これに対して，先に紹介したような症状処方では「変化しない」（ex. 眠らない）ことが指示される。それは「眠ろうと頑張る→眠れなくなる→さらに眠ろうと

頑張る→さらに眠れなくなる→……」という悪循環に陥ったシステムの枠組み（すなわち，既存の文脈に内在する矛盾）を超え出る第二次変化にほかならない。無論，現実の臨床場面においてそれほど単純に事態が進展するはずもなく，こうした処方を有効なものとするための諸々の構造もまた（あるいは，そうした多層的な文脈へのはたらきかけこそが）枢要であることはいうまでもないが，何らかの第二次変化を導くうえで，治療的ダブルバインドはとても有効な方法といえよう。

　ベイトソンの理論をその基盤とする以上のようなコミュニケーション・モデルが，広義のセラピーの領域に及ぼした影響はきわめて大きい。「端的に言えば，ここに来てはじめて，病理の世界を医学の言語ではない言語，すなわちコミュニケーション言語で語る可能性が示唆された」（野村 2008: 109）のであるから，これはいわば従来のセラピーの第二次変化と呼ぶべき画期的な分岐点にほかならない。そして，ベイトソンによって切り拓かれたコミュニケーションをめぐる豊かな視点は，後で見るように，リフレクティングの考え方にも大きな影響を及ぼしている。

2　文脈としての家族療法（2）ミラノ・システミック・モデル

　MRI で生み出された諸々の文献やベイトソンの認識論など，アメリカで発展した家族療法に強い影響を受けつつ，独自のシステム論的アプローチを発展させたのが，1967 年，イタリアのミラノに設立された家族研究所のメンバー，マラ・セルビーニ・パラツォーリ（Mara Selvini Palazzoli），ルイジ・ボスコロ（Luigi Boscolo），ジャンフランコ・チキン（Gianfranco Cecchin），ジュリアナ・プラータ（Giuliana Prata）の 4 人である。「ミラノ派」とも呼ばれる彼らは，男女 2 名ずつからなる 4 人一組で治療をおこなった。

　リフレクティング誕生の具体的な舞台装置を提供したともいえる彼らの独特な方式について見ておこう。セッションがおこなわれる場所は，防音設備を施した天井と大きなワンウェイ・ミラー（暗い側から明るい側の様子は見ることができるが，明るい側からは暗い側を見ることのできない鏡，和製英語でいうマジックミラー）によって仕切られた部屋である。面接室の天井には，隣の観

察室にある録音装置に接続されたマイクが取り付けられている。男女一組のセラピストが家族と面接室に入り，残る男女一組がワンウェイ・ミラーの背後の観察室にいる。この二つの空間を仕切るこのワンウェイ・ミラーは，MRIでは研究の目的として使用されていたが，ミラノ派では治療を進めるための道具として位置づけられた。

　各セッションは，次のような五つの部分からなる（Palazzoli et al. 1975=1989）。

---

①プレセッション：セッション前にセラピストたちが集まり，家族の情報や前回のセッションについて討議する。

②セッション：約1時間おこなわれ，その間にセラピストは家族から情報を引き出す。具体的情報のみならず，家族の交流様式にも目を向ける。ただし，これらの所見について家族に指摘することは控える。この間，必要に応じて観察者はセラピストの一人を観察室に呼び戻して助言をおこなう。あるいは，一人のセラピストが任意に部屋を出て観察者たちのアドバイスを求めることもある。

③インターセッション：別室に集まったセラピスト2名と観察者2名は，一緒になりセッションとその締めくくり方について話し合う。

④介入：セッションの終わりにセラピスト2名は家族のところに戻り，短いコメントと処方をする。処方はほとんどの場合パラドキシカルなものである[9]。

⑤ポストセッション：家族が帰った後，チームは集まって，コメントや処方に対する家族の反応を話し合い，そのセッションのまとめをして，記録する。

　以上のセッションの流れからもわかるように，ミラノ・システミック・モデルにおいては，ワンウェイ・ミラーの背後にいる観察者からの継続的なスーパービジョンが不可欠のものである。観察者たちは，面接室の外側にいることで

---

9) MRIにおける治療的ダブルバインドと同様の見解から，それを独自に磨き上げたミラノ派は，それを「対抗パラドックス」と名づけ，彼らの方法の要石として用いた。

家族のやりとりに巻き込まれることなく，冷静に全体状況を観察することが可能となる。家族療法におけるワンウェイ・ミラーのインパクトについて述べた以下のホフマンの言葉は，セラピーを適切に進める道具としてそれを定式化したミラノ派によくあてはまる。

> 1950年代以降，臨床家や研究者が家族面接を直接観察するために使ってきた鏡，つまりマジックミラーの出現は，望遠鏡の発明にも等しい重要性を持っている。違って見ることは，違って考えることを可能にしたからである（Hoffman 1981=2006: 19）。

後に，彼らはベイトソンのサイバネティクスに関する議論を参照しつつ，ミラノ・システミック・モデルの基本指針を「仮説設定」「円環性」「中立性」の三つに整理している（Palazzoli et al. 1980）。

仮説設定とは，セラピストが家族に関して自らの有する情報にもとづき仮説を定式化することである。仮説はセラピーの当初（プレセッションの段階）から家族全体の関係を含むシステミックな形で設定され，セラピーを通してその妥当性を検証，適宜改変される。そうした意味で仮説自体の正否は問題ではなく，仮説を用いることにより，それを足場として有用な情報が得られることに意義が見出される。

円環性とは，関係すなわち差異や変化についてセラピストが求めた情報に対する家族からのフィードバックを基盤に，セラピストが調査をおこなう能力を意味している。情報とは「差異を生む差異」であり，差異とは関係にほかならないというベイトソンのテーゼを踏まえ，家族の複雑な関係を浮かび上がらせる多様な円環的質問法が活用される。たとえば，家族内の二者間（ex. 母親と娘）の関係について第三の人物（ex. 父親）に尋ねて，それに対する各々の反応の一致や不一致といった差異が調査されたり，過去や未来における特定の家族間の関係の変化について質問が重ねられたりする。

中立性とは，セラピストがセッション全体を通して，家族の誰とも同盟関係を結び，また誰とも同盟関係を結ばない姿勢を維持することを意味する。こうした姿勢は，セラピストがシステミックな認識論を体得するほどに，あらゆる

種類の道徳的判断から離れ，フィードバックを促し，情報を収集することへと関心が向くことによって実現される。すなわち，そこではセラピストが家族たちとは異なるレベル（メタレベル）の立場を保持することが可能な限りで，セラピーが効果的でありえると考えられる。

　以上の基本指針からは，ミラノ・システミック・モデルがセラピー空間を切り分けるワンウェイ・ミラーの活用とともに，物理的にのみならず，実質的なコミュニケーションにおいても，セラピストと家族という二つのレベルを明確に切り分けるスタンスを確立していたことが見てとれる。ただし，この基本指針が提示された時点でミラノ派のアプローチの焦点が，当初重視されていた最終的な「介入」から「面接」そのものへと移行していることは，アンデルセンのリフレクティングにつながる流れとして注目されよう。

　この基本指針が示された後も，ミラノ派はメンバーの分裂と発展という変化を重ねていく。そして，その発展は，科学の世界における第二次サイバネティクス[10]の登場という大きな分岐をうつし込みつつ，いよいよリフレクティング誕生の場面へと合流する。

3　文脈としてのアンデルセンの歩みとその夜の出来事

　2004 年，ハメーンリンナというフィンランドの小さな町で開催されたワークショップ[11]でアンデルセンは，自身の専門家としての歩みのなかに少なくとも 30 の大事な岐路があったと話している（Malinen et al. 2012=2015）。もちろん，そこにはリフレクティングの実践という本書が注目する画期的な岐路が含

---

10) 第一次サイバネティクスの対象とするシステムが観察者からは独立した客観的な存在（観察されるシステム）であるのに対して，その後，ハインツ・フォン・フェルスター（Heinz von Foerster）によって提唱された第二次サイバネティクスにおいては，観察者自体もシステムと見なされ（観察するシステム），「観察の観察」「サイバネティクスのサイバネティクス」に焦点がおかれた（von Foerster 2003）。

11) この奇跡的なワークショップでは，アンデルセンの他に，コラボレイティヴ・アプローチのハーレーン・アンダーソン（Harlene Anderson），ナラティヴ・アプローチのマイケル・ホワイト（Michael White）という広義のナラティヴ・セラピーの風景を創り出した三人が一堂に会しており，近年，オープン・ダイアローグで知られるヤーコ・セイクラ（Jaakko Seikkula）もシンポジストとして参加している。

まれているし，そこに至るまでの岐路，そして，それ以降の岐路も多数存在する。ここでは，1985年3月の実践に至るまでのアンデルセンの歩みとその岐路をその文脈に沿って辿ってみよう。

アンデルセンが活動の拠点としたトロムソは，ノルウェー北部の北極圏内に位置する水産業と学術の町だ。1936年，ともに美術教師であった両親の間に3人きょうだいの末っ子として生まれたアンデルセンは，ノルウェー南部のオスロ大学で医学部を卒業する。卒業後，北極圏の田舎で四年間内科医をしていたとき，彼が直面した疑問の一つが，病気が周囲の人々に及ぼす影響についてであった。この疑問への答えを求めて，やがて彼は精神医学の道に進む。しかし，そこでアンデルセンは，最初の疑問が解けないばかりか，さらに多くの疑問を抱えることになる。

1960年代当時，トロムソの病院に「精神病患者」として入院するということは，その人が家から遠い場所へと移され，家族や友人や職場といった元のコミュニティとのつながりを絶たれてしまうということを意味していた。その様子を「難民のようだ」と感じたアンデルセンは，そうした断絶を防ぐことのできる道を模索していく。

1970年代初めのメキシコと米国への1年間の留学を経て，1976年からトロムソ大学で仕事を始めたアンデルセンは，社会精神医学の教授のポストに就くと，7人の専門家（心理士1名，精神科看護師3名，アンデルセンを含む精神科医3名）からなるグループをつくり，彼らとともに病院を出て地域に赴き，地元のプライマリ・ケアのスタッフと連携して精神的困難を抱えた人々に向き合うことを試みている[12]。そして，そうした経験がアンデルセンを家族療法へと引き寄せていく。

---

12) 政府の資金を得て1978年から3年間にわたり実施されたこのプロジェクトは，トロムス県南部における精神科病院の入院率を40%も減少させるという成果を挙げ，アンデルセンらは，コミュニティを基盤とした精神医療の有効性への確信を得る。しかし，その成果にもかかわらず，当局は，アンデルセンらがこのプロジェクトを継続するためにおこなった基金の申請を，病院の精神科医らの意見を踏まえ却下する。挫折ともいえるこの経験は，その後のアンデルセンの歩みに大きな影響を与えたと思われる。

> 僕らは，病院で働いているときには個別的な見方を頼りにしていたけれど，それを捨てたのである。僕らは人々を，環境から独立した雑多な個々人と見ていた。何が起きているのか知るために，個人を調べていたわけだ。しかし，外に出ることによって，僕らは文脈的な見方を採用し，人間をその環境の一部として理解するようになった。その時，僕らは家族療法のアイデアを手に入れたわけだ。つまり，個人は文脈に属し，どの文脈も時とともに変化する（Malinen et al. 2012=2015: 57）。

　すなわち，病院という場で，一患者，あるいは，一症例という医療者側から一方的に押し付けられた単一的文脈に嵌め込まれていた個人が，地域においては，生活という豊かな文脈を生きる人間として，多様であり，かつ，時間とともに可変的な存在として理解されるようになる。同じ時期，システム志向の家族療法に関する教育プログラムにグループのメンバーとともに参加していたこともあり，家族療法の視点，とりわけ「文脈」と「時間」は，アンデルセンの実践における重要概念となっていく。
　この頃（1970年代終盤），先に紹介した「ミラノ派」のやり方で家族療法に取り組んでいたアンデルセンらは，しかし，徐々にそのやり方に疑問を感じ始めたという。

> ……一九八一年，ミラノ派のメンバーからトレーニングを受けていたとき，僕は思った。「家族に言うことを見つけるべきときに，なぜ僕らは部屋を出ていくんだろう？」，「なぜ，むしろその場にいて，僕らの話が彼らに聞こえるように大声で話さないんだろう？」，「僕らがどんなふうにやっているか，つまり僕らが見つけた結論じゃなく，どんなふうにそこにたどり着いたのかを見せるのは，彼らの役に立つんじゃないだろうか」（Malinen et al. 2012=2015: 63-64）。

　こうした疑問を抱きつつも，アンデルセンらは，それらをただちに実践にうつすことはなかった。専門家である自分たちがオープンに話すことで，むしろ家族たちを傷つけたり，恥かしい思いをさせてしまうのではないかという危惧

が根強くあったためである。しかし，その後も従来のミラノ派のアプローチではうまくいかない場面や，やりにくさに直面するようになっていく。

> 我々は面接者がチームとのコンサルテーションから得たアイデアを伝えたり，それに基づく質問をしたり，介入したりすることがほとんどないということに気付いた。また，一つの介入についてチームの合意を得ることがとても難しいことがわかった。チームのメンバーにはそれぞれ自分の考えている介入への提案があり，それを是が非でも通そうとする傾向が常にあったからである（Andersen 1991=2001: 24）。

こうしたなか，数年来，あるアイデアを温めていたアンデルセンらは，1985年3月のその夜を迎える。この日，一人の若い医師がある家族との面接をおこなっていた。あまりの長きにわたる悲惨な状況のなかで，他のことが考えられなくなっているその家族に対し，何か楽観できるような質問をするようにと三度にわたりワンウェイ・ミラーの背後の別室で面接者に指示を与えたアンデルセンらは，面接室に戻った若い医師が，すぐにまた家族らの悲惨さのなかに引き戻されてしまう様子に直面し，ついにアイデアを実行にうつす。彼らは，面接室のドアをノックし，家族らにしばらく自分たちの話を聞いてみたいかどうか尋ねたのである。

> 我々の一人が，自分たちは彼らの会話にとって役立つかもしれないいくつかのアイデアを持っている，と話した。「もし興味がおありなら」彼は言った。「あなたがた御家族とドクターは，そのままこの部屋で座っていらっしゃってください。この部屋の明かりを落とし，私たちの部屋の明かりを点けます。そうすると，皆さんは私たちを見ることができ，私たちからは皆さんを見ることができなくなります。音声も切り替えられますので，皆さんには私たちの声が聞こえ，私たちには皆さんの声が聞こえなくなります」（Andersen 1991=2001: 26，筆者改訳）。

こうして明かりと音声を切り替えてのアンデルセンらによる「クライアント

家族たちの会話」についての会話と，その様子の家族らによる観察がおこなわれた。やがて，その会話が終わった後，再び明かりが切り替えられたミラーの向こうに現れた家族たちの様子は，それまでとは大きく異なるものだった。家族たちの怒り，あるいは，退屈といった反応を覚悟していたアンデルセンらの予期に反して，彼らは，短い沈黙の後，互いに微笑みながら今後について楽観的に話し始めたのである。

　これがその夜に生じたあっけないほどに劇的な出来事のエピソードだ。こうして生まれた新たな面接形式は，家族や面接者も含め，かかわったすべての人々に気に入られ，「リフレクティング・チーム」という名で広く知られるようになる。リフレクティングという言葉は，英語のそれではなく，ノルウェー語の"refleksjon"と同じ意味をもつフランス語の"réflexion"の意味に近いとアンデルセンは述べている。すなわち，リフレクティングとは，何事かをじっくりと聞き，考えをめぐらし，そして，考えたことを相手に返すことを意味する。

　では，あらためてこの時この場でいったい何が生じたといえるのだろうか。そして，それはいかなる分岐点であったのか。アンデルセンは，「明かりと音声の切り替えは我々と家族の関係を驚くほど自由にした」（Andersen 1991=2001: 27）と述べている。実にそこでおこなわれたことは，ワンウェイ・ミラーを挟んだ二つの部屋の明かりと音声を切り換えてみる，というごくシンプルな試みに過ぎない。それはミラノ派によって定式化されたワンウェイ・ミラーを用いる家族療法から，ほんの一歩を踏み出しただけの些細な思いつきのようにも見える。

　しかし，その変化は，従来の「観察する者＝セラピスト」と「観察される者＝クライアント」という固定化された一方向的な階層構造に対して，「観察する者としてのクライアント」や「観察される者としてのセラピスト」という新たなベクトルでの観察の可能性，新たな治療関係における人々のあり方を大きく切り拓く画期的な一歩だったのである。そこでは，これまで家族たちにとって見聞きすることが許されなかった専門家たちの秘密の舞台裏での話し合いがすっかりオープンにされたのであるから，たしかにそれをある種の「自由」と呼ぶこともできるだろう。一方，この出来事の翌年，アンデルセンらによるリフレクティング・チームのデモンストレーションを見たホフマンは，「そのあ

まりの無防備さにショックを受け，私は，しばらく息ができないほどでした」(Hoffman 2002=2005: 206) と，その感想を述べている（当時，彼女はミラノ派のチーム方式を用いていた）。そこには，これまでの家族療法が築き上げてきた構造も，介入も見られなかったゆえに，こうした驚きもまた当然の反応といえるだろう。

アンデルセンのキーワードである「文脈」という観点から，今少しこの出来事をながめてみよう。まず，家族らにとってみれば，ワンウェイ・ミラーで隔てられた二つの部屋の明かりと音声の切り替えは，それまでの面接が位置づけられてきた「自分たちの与り知らぬ専門的見地を有した専門家による自分たちへの治療」という文脈を大いに揺るがすものとして効果しただろう。すぐそこ（鏡の向こう）に存在することは気づかれていても，自分たちからはその正体を見ることのできない，しかし，自分たちの正体を知り，判断を下す存在の気配という家族らにとっての「文脈に内在する矛盾」は，明かりと音声の切り替えにより，一挙に目の前の明るみへと引き出されることになる。その時，もはやそこには，「自分たちの正体を知り，判断を下す存在」はいない。ただ家族らのさまざまな可能性について，必ずしも一致しない意見を真摯に交わす人々がいるだけだ。そして，そのことこそが自らの今後を微笑みながら語るような家族らの自己を成立させる。

では，専門家らの側にとってはどうか。そもそも，家族療法自体が家族における複雑な相互行為の関係を把握するために，行為そのもののみでなく，その行為がおこなわれた背景との関連性，すなわち文脈的な意味解釈を重視するものであるとはいえ，そこにおいて，家族の観察者としての自分たち自身は，（たとえば，ワンウェイ・ミラーで隔てられることで）それら家族の相互行為とは一線を引き，より正しい判断をおこないえる客観的な立場に位置づくもの，あるいは，位置づかねばならないものと考えられていた。こうしたやり方にアンデルセンらが感じていた不快さ，やりにくさこそ，従来の家族療法における専門家らにとっての「文脈に内在する矛盾」にほかならない。そうしたなかで，1985年3月の明かりと音声の切り替えは，観察者としての自分たち専門家自身を，家族らによって観察されるものとして相互行為の内部に位置づけ直すこと，すなわち，従来不可視化されていた文脈をきわめて大胆かつ実際的な方法で前

景化することを意味した。そしてそのことが，「家族らを見通す客観的で正しい観察者」という不快な専門家像を脱した自己の成立の機会を彼らに提供したのである。

　無論，これが単純に既存の枠組の破壊や放棄を意味するものではないことは明らかだろう。むしろそれは，それまでの家族療法の，あるいはセラピーの文脈を踏まえたうえでなされた，既存の文脈に決定的な変化をもたらすための絶妙な差異[13]の導入であった。端的にいえば，それまで何らかの問題を抱えたクライアントの家族システムを観察対象としてその外部（まさに物理的にもワンウェイ・ミラーの外部）から一方向的な観察や介入をおこなってきたそれまでのセラピストたちのあり方に対して，ある意味では当然にも直視されるべきであったセラピストたち自身をも含めた当該問題をめぐるコミュニケーション・システム[14]の水準へと視界を開き，セラピーの場を双方向的な協働の場へと転換させたのである。ここに見出される既存の文脈の問い直し，筆者なりのいい方をすれば，背景化しているコンテクスト（文脈）を前景化し，テクスト化していく身振りこそ広い意味[15]でのリフレクティングの有する可能性の中心にほかならない。

　アンデルセンによれば，こうしたリフレクティング・チーム形式での取り組みが進むにつれ，実際の面接場面でもさまざまな変化が生じたという。まず，ミラーの向こう側に座るセラピスト・チームのメンバーは，それまで観察中に

---

13) 変化をもたらす絶妙な差異に関するアンデルセンの理解は，理論的には先に紹介したベイトソンから，実践的にはノルウェーの理学療法士であるアデル・ビューロー＝ハンセン（Aadel Bülow-Hansen）からもたらされた。詳しくは第3章において触れる。
14) アンデルセンは，これを問題創出システム（problem-created system）と呼んでいる（Andersen 1992）。なお，こうした考え方については，アンデルセンと交流のあったハロルド・グーリシャン（Harold Armen Goolishian）とハーレーン・アンダーソンによる画期的論文，Anderson & Goolishian（1988=2013）における議論が，その理論的基盤を提供している。
15) リフレクティング・チーム形式の会話（狭義のリフレクティング）と，そこにはらまれる既存の文脈の問い直しという普遍的な身振り（広義のリフレクティング）というリフレクティングの二つの水準の差異は，本書全体を通して筆者が伝えたいことの枢軸である。

よく喋っていたのだが，面接場面の家族の会話に静かに聞き入るようになり，以前よりも多様な考え方が頭に浮かぶようになった[16]。また，家族について解釈する際に，専門的な用語でなく，より日常的なことば遣いがなされるようになった。

　また，アンデルセンらは，リフレクティング・チームのやり方について三つのルールを設けた（McNamee & Gergen eds. 1992=1997）。第一のルールは，あくまでその場の家族たちの会話内容にもとづいて反応や解釈をおこない，他の文脈からそれを持ち込まないということ。これと同時に，断定的な話し方は避け，「私は……と感じました」「僕には……と聞こえた」「ひょっとすると……かもしれない」といった話し方が用いられる。このようにすることで，家族たちの会話に沿いながら，唯一の正解を競うことなく，多様な選択の可能性（チームの話に対する受け取りの自由さ）が確保される。第二のルールは，家族が聞いている会話で家族について否定的なことをいわないこと。たとえば，「家族がこのようにしないなんて理解できない」ではなく，「もし家族がこんなふうにしたら，どんなふうになってゆくんだろう」といった表現がなされる。第三のルールは，ワンウェイ・ミラーがない状況，つまり家族たちと同室でチームが話す場合，家族たちの方に目を向けて話さず，チームのメンバー同士で向き合って話すこと。これによって，聞いている人たちを視線で縛ることなく，「聞かなくてもいい自由」が確保される。以上，三つのルールに通底しているのは，唯一の「正解」や「真理」が存在し，専門家こそがそれを有しているという考え方（すなわち「あれか，これか」）から，物事には多様な見方があり，さまざまな意見の交換からさらに新たな会話が展開していくことを望ましいとする考え方（すなわち「あれも，これも」）への転換の姿勢である。

　こうして1985年3月の夜にアンデルセンらが生み出したリフレクティングという実践は，家族療法のみならず，従来の治療関係，あるいは，対人援助のあり方全体を捉えなおす大きな分岐点となった。本実践の理論的含意の詳細に

---

16) 通常の自由討議形式でのグループ・ディスカッションに比べ，リフレクティング・チーム形式での会話の方がより多様なトピックが産出されることは，国内においても，三澤文紀による一連の実証的な比較研究において確認されている（三澤 2008a）。

ついては，あらためて第3章で検討したい。次章では，ひとまずその基本手順と実践のための留意点について紹介しよう。

2 基　本
規則ではなく，手引きのようなものとして

　本章では，リフレクティングの基本手順として，リフレクティング・チーム形式での会話の手順と留意点を紹介していきます。第1章で紹介したように，リフレクティング・チーム形式の会話は，まず家族療法という文脈の中で生まれました。しかし，アンデルセン自身，リフレクティングという方法がセラピー以外のさまざまな分野で応用できる可能性に言及していて，そこでは，スーパービジョンやスタッフ・ミーティング，経営者や管理職の会議，質的研究のデータ分析といった実に幅広い領域が提示されています（Andersen 1995: 19）。実際，現在では，アンデルセンが言及した以上に幅広い領域において，世界各地でその活用が広がっています。すなわち，およそ会話を用いて複数の人々により何事かが話し合われる場面であれば，ほとんどあらゆる領域でリフレクティングを活用して新たな会話の空間を生み出すことが可能だといえるでしょう。もしかすると，こうした表現は，ずいぶん大風呂敷に感じられるかもしれません。しかし，「実行できるくらい単純な，有用と思えるくらい創造的な，どこでも行えるほど小さな，しかも我々の関心を失わせないだけの予期せぬ驚きに満ちた何ものか」（Andersen ed. 1991=2001: 124）というアンデルセンの言葉のとおり，むしろリフレクティングという方法が，実にシンプルで，コンパクトな方法であるからこそ，そうした普遍的な意義を有するのだろうと筆者は考えています。

1 基本概念

　では，あらためてリフレクティングとは何をすることなのでしょうか。「はじめに」でも述べたように，それは「はなす」ことと「きく」ことから成り立っています。そういわれると，あまりに当たり前のようで拍子抜けしてしまうかもしれません。しかし，それが日常的におこなわれている会話や話し合いと異なっているのは，そこでは，より広い文脈において「はなす」ことと「きく」ことを丁寧に「行きつ戻りつ」することができるための仕組みが適切に工夫されているという点です。リフレクティングにおいて，「はなす」ことを**外的会話（他者との会話）**，「きく」ことを**内的会話（自分との会話，あるいは，自分の内なる他者との会話）**と呼びます。この二つの会話の区別はとても大切なことなので，ぜひ心に留めておいてください。リフレクティングは，この二種の会話を丁寧に重ね合わせ，うつし込み合わせながら展開していく（すなわち，会話について会話する）ための工夫に満ちた方法なのです。

　アンデルセンらが1985年3月のある晩に初めて試みたリフレクティング・チーム形式の会話は，そうしたリフレクティングを実現するためのあくまで一手法であると見なすことができます。ここで，今後の読者の混乱を避けるために，リフレクティングをめぐる用語の整理を簡単にしておきましょう。アンデルセン自身は，リフレクティングをめぐるそれらの用語に関して，必ずしも体系立った説明をしていないのですが，その時期や文脈により，リフレクティング・チーム，リフレクティング・ポジション，リフレクティング・プロセス，リフレクティング・トークなどの表現を用いており，後年には，「僕は，リフレクティング・チームという言葉はなくなればいいと思っているんだ。リフレクティング・トークといっても多種多様だ」(Malinen et al. 2012: 87) とまでいっています。リフレクティング・チームがあまりに有名になり，世界各地でその形式が用いられるようになった一方で，その本質が置き去りにされてしまいがちであることを嘆く気持ちがアンデルセンのこうした発言に込められているのかもしれません[1]。

　リフレクティングに関するアンデルセンの諸概念を筆者なりに整理すると次のようになります。

①リフレクティング・チーム：家族療法の文脈において誕生した，面接システムにおける会話を離れた位置で傾聴した後，そこでの会話について会話するチーム。

②リフレクティング・トーク：リフレクティング・チーム形式の会話をその一例とするような，リフレクティングが促進されることを企図した会話。

③リフレクティング・ポジション：リフレクティング・チームの役割をその一例とするような，リフレクティング促進を担うポジション。

④リフレクティング・プロセス：リフレクティング・トークをその一形式とするような，リフレクティングにおいて多様な参加者がリフレクティング・ポジションを用いて広義の「はなす」ことと「きく」こと（外的会話と内的会話）の間を行き来する過程。リフレクティング・トークやリフレクティング・チーム形式の会話が実現される「場」の文脈形成プロセスをも含意する。

図2-1で示すように，その概念の示す範囲で考えるなら，リフレクティング・チーム形式の会話が最も限定的なものであり，リフレクティング・チーム形式の会話をその一種に含むものとして多様なリフレクティング・トークが，さらに，必ずしも直接的な会話に限定されない最も広範囲な概念としてリフレクティング・プロセスが位置づけられます。この同心円三層構造は，明確に区切られた静的な空間を意味するものではなく，動的なプロセスのなかで浮かび上がってくる独楽の模様のようなものと捉えた方が適切でしょう。この独楽（top）を仮にリフレクティング・トップと名づけるなら，ちょうど独楽の中心軸のよ

前ページ1）リフレクティング・チームが誕生した当初より，アンデルセンは次のように考えていました。「まもなく，僕はそのやり方（リフレクティング・チームのこと：筆者注）が人々を惹きつけるだろうと分かったんだが，同時に，それがカテゴリー化されて，指令的・抑圧的なものになることで誤用されてしまうかもしれないとも思った。それで僕は，もし，これについて書くとなったら，その誤用を防ぐのに貢献するため，喜んで東奔西走しないといけないだろうと考えたんだ」（Andersen & Jensen 2007: 167）。こうしたアンデルセンの姿勢は，その後，彼の世界各地における豊かな実践へとつながっていきます。アンデルセンなき今，リフレクティングに関心を持つ本書の読者にも，ぜひこのことを心に留めていただければと思います。

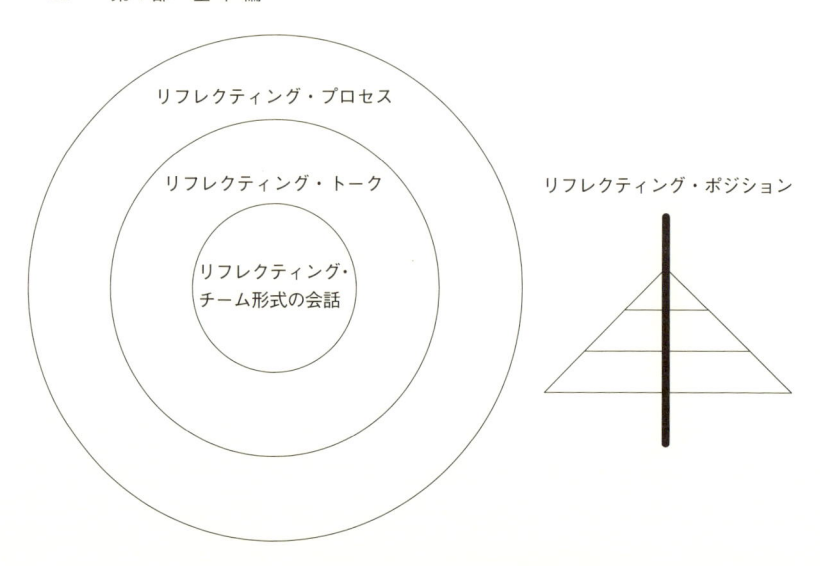

図 2-1　リフレクティングに関する諸概念の整理

うに，それら三つの広がりを持つ概念の運動を貫いているのがリフレクティング・ポジションです。リフレクティング・トップの中心軸としてのリフレクティング・ポジションは，いわば運動と静止とが共存する場所といえます[2]。

　ただし，このように図に描きとめることの功罪として，一定の理解を推し進めるとともに，その理解のあり方を限定し，場合によっては誤解も生じさせてしまうかもしれません。たとえば，実際のリフレクティング・プロセスにおいて，その中心軸，すなわち，リフレクティング・ポジションは，どこか一点のみ（特定の立場を担う人や，特定の発言内容）に存するものではなく，「はなす」ことと「きく」ことが適切な間（ま）を保ち，互いにうつし込み，折り返し合う限り，多様な動きのいたるところに存しています。すなわち，図に描か

---

2) 回転している独楽が直立して，一見静止しているように見える状態を「独楽が眠る」といいますが，たとえば，リフレクティング・トークが実質を伴って成立するためには，一見そこで何事も生じていないように見えても（会話の場面であれば，あたかも何気ない日常会話をただ交わしているように見えても），その基盤としてリフレクティング・ポジションを中心軸としたリフレクティング・プロセスがつねに作動していることが不可欠です。

れたリフレクティング・トップの中心軸は，リフレクティングをめぐる同心円三層構造が動的プロセスであることを喚起するためのひとつのイメージに過ぎません。

　以上のことを踏まえたうえで，本書では，これらの概念系において指し示される「はなすこととききくことのうつし込み合いの方法」一般を指して，リフレクティングと呼びます。先にも触れましたが，アンデルセン自身が言及し，本書の第4章でもその多様な具体例を紹介するように，リフレクティングには，その適用範囲の広がりによって無限のバリエーションが存在するといっても過言ではありません。ある意味では，その広がりと新たな展開可能性こそ，リフレクティングの大きな魅力といえるでしょう。一方で，「是非初心不可忘（是非の初心を忘るべからず）」という有名な世阿弥の言葉のとおり，基盤となる初心を忘れては後心（初心以降の経験を積んでいったあり方）をも忘れることになりかねません。二つのグループが交互に話していくという表面的な形式だけをなぞって，安易にリフレクティングらしきものを実践した結果，「思ったような効果が得られない」「かえって相手を傷つけてしまった（あるいは，傷つけられた）」といったことが生じる場合もあるでしょう。その結果，リフレクティングに対する否定的評価を下したり，せっかくこの方法が有している豊かな可能性を捨て去ってしまうという残念な結論に至ることさえあるかもしれません[3]。とりわけ，初めてリフレクティングを試みようとする方は，ひとつの手引きとして本章を用いながら，まずは，できるだけ丁寧にリフレクティング・チーム形式の会話を実践してみることで（それと同時にそうした会話のための場を丁寧に準備することで），ぜひ初心においてその奥深さを味わってみてください。気をつけるべき点もいくつかありますが，実際にやってみてこそ，その新鮮な効果に驚かされるのがリフレクティングの特徴です。

---

[3]「習はでは似すべからず」（しっかり学ばずに真似してはならない）という世阿弥の警句が思い浮かびます。

2 基本構成

　前節でも述べたように，本書は幅広い領域でリフレクティングを活用していく読者を想定していますので，以降の説明では，「セラピスト」や「クライアント」といったセラピーの場面に限定的な表現を用いず，「イシュー（問題・課題，あるいは，話題）提供者」「面接者」といった，比較的ニュートラルと感じられる表現を用いて説明していきます。

　まず，リフレクティング・チーム形式の会話の基本構成について見ていきましょう。リフレクティング・チーム形式の会話は，大きく分けて二つのグループから構成されます。一つは面接システム，もう一つはリフレクティング・チームです。面接システムを構成するのは，基本的に，①何らかの問題を抱えていたり，課題を感じている，あるいは，話すべき話題を有している人（あるいは人々），②①の人とつながりを持ち，その問題，課題，話題に関係を有する人（あるいは人々），そして，③その問題，課題，話題についてそれらの人々から直接に話を聞く人です。以下では，①をイシュー提供者，②をイシュー関係者，③を面接者と呼びます。イシュー関係者は，当該イシューの文脈によって，イシュー提供者の家族である場合もあるでしょうし，職場の同僚である場合もあるでしょうし，何らかのつながりを有するコミュニティの一員である場合もあるでしょう。

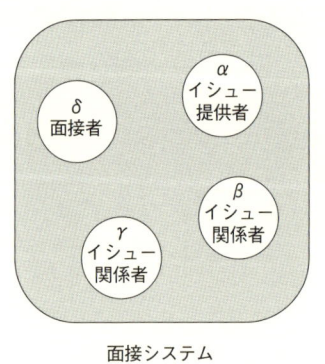

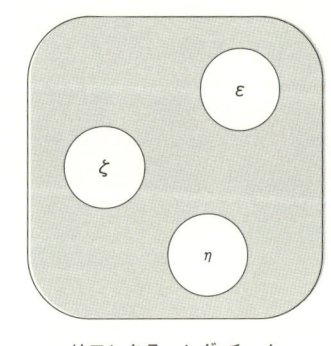

図2-2　リフレクティング・チーム形式の基本構成

一方，リフレクティング・チームを構成するのは，ワンウェイ・ミラーの背後[4]，あるいは，少し離れたところから面接システムの会話を聞いている人々（そして，面接システムの会話が一段落したところで，そこでの会話について会話する人々）で，明確な人数のきまりはありませんが，基本的には2～3名以上からなります。

　各グループの人数は，ケースバイケースで異なりますが，少なくとも面接システムには，イシュー提供者と面接者が不可欠です。加えて，当該イシューに関してイシュー提供者と深いかかわりを有するイシュー関係者がいれば，面接システムの会話はさらに幅広い文脈を視野に入れて展開できるかもしれません。ただし，限られた時間，空間で直接会話が可能な人数ということを考えると，自ずと一定の上限が想定されるでしょう。リフレクティング・チームについても，2～3名以上というのはあくまで目安ですから，より多くなる場合もあるでしょうし，より少なくなる場合もあるでしょう。あまり人数が多くなると，やはり直接会話することが難しくなってしまいますから，シンプルなリフレクティング・チーム形式の場合，チームの人数には一定の上限が想定されるでしょう。一方で，チームの人数の下限としては，外的会話の成立する2名と考えるのが適切でしょう。

　ただし，アンデルセンは，リフレクティング・チームが1名のみという状況も想定しています（Andersen 1991=2001）。その場合，面接システムにおける面接者が，面接システムでの会話が一段落したところで，リフレクティング・チームに加わり，面接システムのメンバー（イシュー提供者，および，イシュー関係者）の前で会話をおこなうことになります。これを踏まえると，リフレ

---

[4] 後でも述べますが，リフレクティング・チーム形式の会話をおこなうために，明かりや音声を切り換え可能なワンウェイ・ミラー，マイクなどの完備された部屋が不可欠というわけではありません。それらの道具は，あくまで1985年3月の実践当時のアンデルセンらがミラノ派によって定式化された家族療法の文脈を踏まえていたからこそ，その場に存在したものであり，ある意味，そうした既存の文脈を超え出るためにこそ，有効活用されたものでした。実際，アンデルセン自身，ワンウェイ・ミラーを介した明かりと音声の切り替え方式を比較的早くにやめていますし（Andersen 1995: 17），筆者自身も，ワンウェイ・ミラーを用いないリフレクティング・チーム形式の会話を，ごく普通の会議室やカフェスペースなど，さまざまな状況でおこなってきました。

クティング・チーム形式の会話をおこなうための最小限の構成は、イシュー提供者1名、面接者1名、リフレクティング・チーム1名の計3名といえるでしょう。古くから「三人寄れば文殊の知恵」という諺もありますが、リフレクティングの基本的意義を考えるとき、この最小構成としての「三人」という数には、とても大切な意味が含まれています。

　ここで、リフレクティング・トークの基本構成ともいえる三者による会話の含意について確認するため、最もシンプルな二者間の会話と、リフレクティング・チームを用いたリフレクティング・トークの最小構成である三者による会話とを比較しておきましょう。まず、二者間の会話においては、両者の間の外的会話が、たとえ双方向的なものであったとしても、あくまで直接的に相手に向けられたリニアなものになりがちです。とりわけ、特定の問題について二者間で会話する場合、両者の関係は、その社会的文脈における位置づけ（専門家とクライアント、上司と部下など）により、相談と助言、指示と服従といった一方向的な傾向の強いコミュニケーションになってしまう可能性が高くなるでしょう。会話の参加者は二人であっても、そこに対話（dialogue）の相手としての他者は存在せず、ただ独話（monologue）が発せられているような閉鎖的状況が私たちの周りに珍しくないことは、読者の皆さんもよくご存知のとおりです。こうした状況は、外的会話において創出される意味を一面的なものに収束させ、多様な内なる声が外へ向けて表現される機会を閉ざしてしまい、結果、会話の場は、窮屈で硬直したものとなるでしょう。

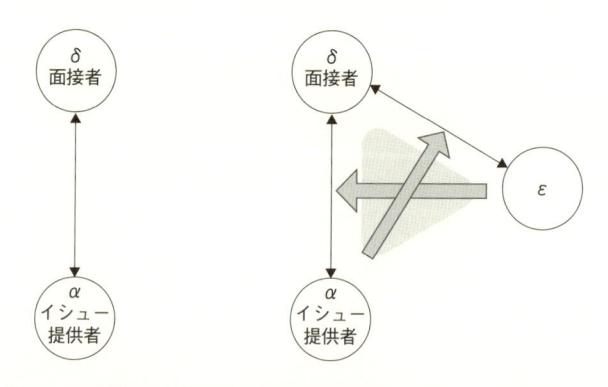

図2-3　二者間の会話と三者によるリフレクティング・トークの比較

これに対して，三者によるリフレクティング・チーム形式の会話では，二者間の外的会話をながめている間，リフレクティング・チームの立場の人は，そこでの外的会話の流れに巻き込まれることなく内的会話に集中することができます。また，それに続いて，面接者がリフレクティング・チームの立場の人と外的会話をおこなっている間，今度は，イシュー提供者がその様子をながめながら，そこでの外的会話の流れに巻き込まれることなく内的会話に集中することができます。このように内的会話のための時間が確保されていることで，会話の参加者は深く呼吸をするようにゆったりとした気持ちでさまざまなことを考える余裕を得るわけです。こうした状態で他者の会話を聞くことは，まさに新しく「きく」(内的会話をおこなう)ことを意味します。そして，内的会話の間に各々のうちに浮かび上がってきたことばは，次なる外的会話の機会に新鮮な風を通し，生き生きとした新たな意味の流れを生み出す契機，すなわち，新しく「はなす」(外的会話をおこなう)契機となります。しかも，その機会が会話の参加者に交互に訪れることにより，そこでの会話は，より多声的なものに育っていきます。

　あらためていえば，そこではリニアな二者間の会話に比べ，じっくりと内的会話をおこなうための「間」と，内的会話を次なる外的会話に新たにうつし込んでいくための「間」，そして，それらを各々の参加者がダイナミックに立場を転換させながら折り重ねていくダイナミックな「場」が創出されているのです。リフレクティング・トークにおいて，会話の場を硬直させることなく，生き生きとした流れを生み出すためのこうした会話のスペースをリフレクティング・トライアングルと呼ぶことができます。無論，それはたんに三人で交互に話しさえすれば実現するといったものではありません。本章の最後に紹介する「アンデルセンにおける会話のイメージ」に表現されているような，実に丁寧に相手の話を聞きとる姿勢，また，以下の節で紹介する基本的な会話の作法や，会話のための環境づくりも，参加者にとって心地良い，創造的な会話のスペースを実現するために，きわめて大切であることを忘れてはならないでしょう。いずれにせよ，会話が適度な広がりをもって展開されるために，その場に応じたリフレクティング・トライアングルを確保することは，あらゆるリフレクティング・トークにおいて枢要なポイントといえます[5]。

もちろん、リフレクティング・チーム形式に限定されない多様なリフレクティングのあり方を考えるならば、実際には、さらに融通無碍な実践が可能です。とはいえ、まずは基本形ともいえるリフレクティング・チーム形式を踏まえることが、多くの人々にとってリフレクティング理解の早道と思われます[6]。また、その際、はじめのうちは、リフレクティング・チームのメンバーを複数名設定する方が、リフレクティングの大きな特徴である、事象に対する多様な視点を共存させつつ、それらの視点が互いをうつし込み合いながら、ゆるやかに展開していく様子が実感されやすいでしょう。異なる複数の声の共存は、単一の声にはらまれがちな「正解の提示」「指示統制」といったニュアンスを減じることにつながりますし、特定の声があまりに強く響いたり、話の流れが遠くへ逸れていってしまうのを自ずと適度に抑えてくれる効果もあります。

3 基本手順

基本的なリフレクティング・チーム形式の会話は、以下のような手順で進められます。

> ⓪事前準備：リフレクティング・チーム形式の会話に入る以前の段階で、イシュー提供者、イシュー関係者に対して、この時間をどのように使いたいと思うか尋ねる。また、どこで、どのような形で話し合うのがよいのかについても話し合う。この質問には、彼らがリフレクティング・チーム形式を望むかどうかという確認も（当然、その前提としてリフレクティング・チーム形式の会話についての説明も）含む。彼らがリフレクティング・チ

前ページ5) 豊かな意味を生み出す会話の場に浮かび上がってくるリフレクティング・トライアングルがはらむ三という数の含意については、次の老子の言葉が示唆的です。「道は一を生じ、一は二を生じ、二は三を生じ、三は万物を生ず」（老子 第四十二章）。三者関係（それは必ずしも人数だけを指し示すものではありません）は、あめつちの間に多様な世界が展開するように、白か黒かではなく、白でも黒でもない万物を生ずる元となります。

6) まだ自転車にうまく乗れない状態で、いきなり手放し運転の練習から始めることがあまり勧められないのと同じ理由です。もちろん、なかには、いきなり一輪車を乗りこなしてしまう人もいるかもしれません。

ーム形式を望んだ場合には，リフレクティング・チーム形式での会話が始まる前に，チームのメンバーを含む全員が面接室で顔合わせをおこなう。その後，リフレクティング・チームは，ワンウェイ・ミラーの背後，あるいは，少し離れたところに着席して，会話がスタートする。

①**面接システムのセッション１**：面接者は，リフレクティング・チームから独立した形でイシュー提供者，イシュー関係者と会話をおこない，その会話（面接システム）にリフレクティング・チームがワンウェイ・ミラーの背後，あるいは，少し離れたところから静かに耳を傾ける（この際，リフレクティング・チームのメンバーは，面接システムの会話に参加せず，目線を合わせることもしない。また，リフレクティング・チームのメンバーがお互いに話し合うこともしない）。

②**リフレクティング・チームからのアイデア提示の打診**：面接システムにおけるイシュー提供者，イシュー関係者と面接者の会話が一段落した都合のよい時点で，リフレクティング・チームが話す準備があることが伝えられる（面接システムは，それを聞きたいかどうか，および，それをいつ聞くか決めることができる）。

③**リフレクティング・チームのセッション１**：リフレクティング・チームが面接システムの会話を聞いている間に生じたアイデアについて会話し，面接システムは，そのやりとりに耳を傾ける。

④**面接システムのセッション２**：リフレクティング・チームによる会話を踏まえて，再び面接システムが会話し，リフレクティング・チームは，そのやりとりに耳を傾ける。

⑤以上のプロセスを１回～数回反復する。

⑥最後は，必ず面接システムのセッションで終わり，面接システムとリフレクティング・チームの将来（今後のリフレクティングの機会の必要性など）について話し合う。

⓪の事前準備の部分は，リフレクティング・チーム形式の会話がおこなわれる以前の手続きを示していますが，リフレクティングにおいて不可欠の，とても大切な会話のプロセスがすでにここで始まっています（実際には，さらにそ

れ以前の文脈形成の段階からリフレクティングは始まっているともいえます)。イシュー提供者，イシュー関係者に対して，この時間をどのように使いたいと思うか尋ねることは，イシュー提供者，イシュー関係者らの考えや思いを面接者やリフレクティング・チームのメンバーが相互の関係の中で尊重しようとしている姿勢を伝えることになります。さらに，「どこで，どのような形で話し合うのがよいのか」について話し合うことは，イシュー提供者やイシュー関係者が面接者やリフレクティング・チームのメンバーとともに気持ちよくセッションに参加できる状況をつくりあげていくことを意味しています。参加者同士の信頼関係の基盤づくり，あるいは，これから始まる会話の文脈づくりともいえるこの段階においては，くれぐれも表面的・形式的なものに留まらない実質的な会話のための「場」を創出するための工夫が大切です。

　これらのことは，一見，何気ないことに思えるかもしれませんが，真摯に取り組もうとすれば，実はなかなか大変なことです。もちろん，新奇な会話の技法として「リフレクティング」というキャッチワードをただ消費することのみに関心がある場合には，それらを表面的な手続き，いわばアリバイ工作として形だけで済ませてしまうこともできるでしょうが，それとともにリフレクティングの最も有効な部分は，雲散霧消してしまうでしょう。当然のことながら，参加者の意志に反してリフレクティング・チーム形式が押し付けられるようなことは，決してあってはいけません。前章で紹介したベイトソンの議論を思い出すなら，こうしたことは，いずれもメタ・コミュニケーションの水準でリフレクティングにおける会話を裏切り，その場の文脈に矛盾を内在させてしまうことを意味するのだと気づくでしょう。何が話されるかということ以上に，いかなる場で，いかに話されるかという文脈がここでは大きな意味を有しています。この段階で私たちにできることは，その形式がどのように有効であると自分たちが考えているのかをイシュー提供者，イシュー関係者に対して正直に，丁寧に説明することであり，それが明示的にであれ，暗黙の裡にであれ，強制という文脈につながらないよう万全の配慮や状況に応じた独自の工夫[7)]をおこ

---

7) そうした工夫のなかで，より大きな実践の文脈を問い直し続けることこそが，広義のリフレクティング・プロセスを作動させていくことにつながると筆者は考えています。

なうことにほかなりません。

　さて，リフレクティング・チーム形式の会話が始まり，進んでいく様子について，先ほどの基本構成の図に基本手順に沿ったコミュニケーションの流れを書き込むと図2-4のように表現できます。①の面接システムのセッションの際には，面接システム内で面接者とイシュー提供者，イシュー関係者による会話が展開され，リフレクティング・チームのメンバーは，それを静かにながめ，聞いています。③のリフレクティング・チームのセッションの際には，その関係が逆転して，リフレクティング・チームのメンバーによる会話が展開され，面接システムのメンバーは，それを静かにながめ，聞いています。すなわち，二つのグループは，それぞれ自分たちのターンでは，その場にいる人と直接話したり，聞いたりという会話（図の実線矢印部分）に参加していますが，自分たちのターンではないときにも，他方のグループで話されていることを静かに聞くという，より大きな周期での二つのグループ間の会話（図の破線矢印部分）に参加していることになります。この大きな周期の会話がリフレクティング・チーム形式の会話の特徴であり，参加者にとって通常の会話では得難い新鮮な体験（リフレクティング・ポジションの実感）をもたらします。

　また，たとえばリフレクティング・チームが3名いれば，そのうち2人が会話している様子を残る1人が聞いていて，その間に思いついたアイデアを後で

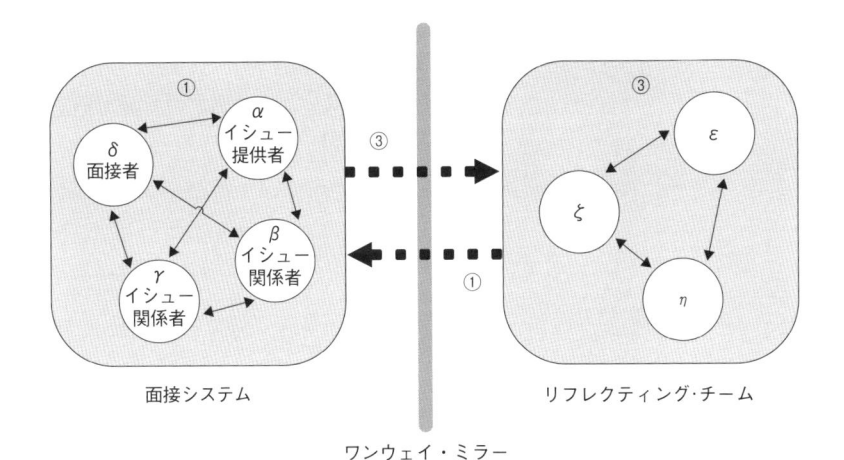

図2-4　リフレクティング・チーム形式におけるコミュニケーションの流れ

話すといった入れ子構造的な会話（そこでは，リフレクティング・チーム内部にさらなるリフレクティング・トライアングルが生成していると見なすことができるでしょう）も可能になります。そして，こうしたプロセスを通した会話の折り重なりが，通常の会話においては生じないリフレクティング固有の効果を生じさせることになります。たとえば，面接システムの2回目のセッションでは，彼らは「面接システムの最初の会話についてのリフレクティング・チームの会話」について会話することになるわけですし，その間，リフレクティング・チームのメンバーは，自分たちの会話が独特な形でうつし込まれた面接システムの会話に耳を傾けるのです。

　全体としてセッションを何往復するのか，また，各セッションにどの程度の時間をかけるのかについては，これも実際にはケースバイケースということになりますが，筆者がこれまで経験してきた基本的なリフレクティング・チーム形式の場合，多くは2往復（面接システムのセッションが3回，リフレクティング・チームのセッションが2回），全体で90分程度から長くても120分以内に収まることがほとんどでした。これは，リフレクティング・チーム形式での会話の適度な深まりと参加者の集中力とのバランスを考えても，現時点では妥当な目安と思われます。

　また，各セッションの時間配分は，面接システムのセッションの1回目が，そのイシューに関する訴えやその背景，意見などを丁寧に聞いていくために相対的に長く，それ以降のセッションは徐々に短くなっていくことが多いようです。各セッションの区切りについては，面接システムであれば，面接者が会話の流れを見て，一通り全員のことばが確認された段階で（もちろん，話したくない状態の人には無理をさせる必要はありません），人々にリフレクティング・チームからのアイデアを聞いてみる提案をするという形が一般的でしょう。リフレクティング・チームの場合も，一通りチームのメンバーからアイデアが示され，メンバー間での簡単な意見交換がなされたら，面接システムのセッションに引き継ぐのがよいでしょう。

　いずれのセッションにも共通していえることは，そこで述べられた多様な発言のそれぞれを参加者が互いに尊重する姿勢の大切さでしょう。リフレクティング・チーム形式の会話は，何らかの問題に関する「唯一の正解」や「本当の

原因」の発見を競うことにその目的がおかれているのではありません。それは議論や討論の場ではなく，あくまでそれぞれの視点から描き出される多様な現実のありようについて参加者全員が互いに安心して話すことができ，話されたことについて適切な関心を持って自由に聞きとることができる場を創出するための方法です。

　最後の面接システムのセッションでは，今回のリフレクティング・チーム形式の会話全体を通して見えてきたことを確認するとともに，面接システムとリフレクティング・チームの今後について話し合われます。そこでは，イシュー提供者やイシュー関係者は，再度こうした会話の機会を持ちたいと思っているのか，もしそうだとすれば，いつが望ましいのか，その際には今回参加した人々の他にも参加するのが望ましい人がいるのかどうか，といったことが話し合われるとよいでしょう。

4　会話の作法

　リフレクティング・チーム形式による会話に取り組む際，はじめは二つのグループに分かれて互いのグループの会話を観察し合うという新奇な形式ばかりに注目しがちかもしれません。しかし，それに勝るとも劣らず大切なのが，そこでの会話の作法です。もちろん，作法といっても，慇懃無礼という言葉があるように，表面上の丁寧さや礼儀といったものが，その内実を伴わない場合には，かえって関係を損なう場合もあることには気を付けなければなりません。実際，ここで紹介する会話の作法の一つひとつには，ある意味でリフレクティングの本質がうつし込まれており，それらはたんなる約束事としての作法以上の意義と実際上の効果を有したものであるといえます。誤解を恐れずにいえば，もしも，ここに書かれたことがたんなる規則や形式になってしまい，その実質が失われつつあるような場合には，それを別のやり方で乗り越えていくための新たな作法を創出していくこともまた，大きな意味でのリフレクティングの会話の作法と心得るべきでしょう。

● 4-1　リフレクティング・チーム側に求められる会話の作法

　長年，アンデルセンと相互に影響を与え合う関係にあったコラボレイティヴ・アプローチで知られるハーレーン・アンダーソンは，セラピストとして，あるいは教師や研究者としてコラボレイティヴな関係に最も重要なことは何かと学生に聞かれた際に，それは「マナーのよさ」であると答えています（Malinen et al. 2012=2015: 123）。リフレクティングにおける会話の作法とは，こうしたアンダーソンのいう「マナー」にも通じるものです。コミュニケーションに関する専門的な知識や新奇な技術に比べ，マナーや作法といった言葉は，あまりに日常的で単純な，あるいは表面的なことのように感じられるかもしれません。しかし，それらが何よりも会話の相手とどのように向き合おうとしているのかという姿勢を如実に伝えるものであることを忘れてはいけません。

　第1章の終わりでも触れたように，アンデルセンは，リフレクティング・チーム形式の会話をおこなう際に，リフレクティング・チームのやり方に三つのルールを設けています。

（1）その場の会話内容にもとづいて反応や解釈をおこない，他の文脈からそれを持ち込まない。

　これは，あくまでその場で生じている面接システムでの会話の内容を尊重し，たとえ専門的知識や経験，事前に得ている情報といったものをリフレクティング・チームのメンバーが有していたとしても，そこから生じるある種の先入観を介して一段上の視点からそれに嵌め込むような姿勢では会話に臨まないことを意味しています。たとえば，「DSMの分類によれば……」「〇〇の理論によれば……」「事前の情報からすると……」「もともとこの人は……」ではなく，「……と話されているのを聞いたとき，私は……」といった会話の文脈に沿った話し方ができるでしょう。

（2）断定的な話し方は避ける。

　これは，先のルールとワンセットで紹介されているルールです。リフレクティング・チームのメンバーが何らかの正解を有しているわけではなく，聞き手は，さまざまな意見から自由に受け取ることが可能であると伝わるような話し

方が期待されます。提示された意見に「ノー」といってもよい雰囲気を確保しておくことが，ここでの作法です。たとえば，「問題は……だ」「この人は……をおこなう必要がある」「当然こうすべきだ」ではなく，「私は……と感じました」「僕には……と聞こえた」「ひょっとすると……かもしれない」といった話し方ができるでしょう。

(3) 参加者について否定的なことをいわない。

人が否定的に受け取るとき，それは「否定的」なものになる，とアンデルセンはいいます。否定されれば，相手はその意見に対抗してなおさら頑なな姿勢をとるかもしれません。それを避けるためにも，たとえば，「この人がこのようにしないなんて理解できない」ではなく，「もしこの人がこんなふうにしたら，どんなふうになってゆくのだろう」といった話し方ができるでしょう。

(4) 面接システムとリフレクティング・チームが同室で話す場合，チームのメンバー同士で向き合って話す。

これは，ことばだけではなく，視線によっても相手を縛らないための作法です。会話におけるやり取りが，口から出ることばだけのものではなく，その目線や姿勢などすべてが会話におけるコミュニケーションにかかわっているということは，あらためて確認するまでもないでしょう。ワンウェイ・ミラーがない環境でリフレクティング・チーム形式の会話をおこなう際，慣れないうちは，リフレクティング・チームが話し合いをしている間に，つい面接システムの方にリフレクティング・チームのメンバーが視線を向けたり，相槌を求めたりしてしまうといったことが生じる場合があります。そうしたことは面接システムの人々の自由に聞く機会（そこには「聞かなくてもいい自由」を含みます）を奪ってしまうことになりかねません。また，逆に面接システム側が話している際に，リフレクティング・チームの方を意識してしまい，つい話しかけるといったはたらきかけをおこなってしまうことも生じる可能性があるでしょう。事前に，リフレクティング・チーム形式において二つのグループ間での直接のコミュニケーションをおこなわないことの大切さをきちんと説明しておくことはもちろんですが，次節でも触れるように，座席の配置などでの工夫によってそ

うした作法が無理なく可能となるような工夫も大切でしょう。

● 4-2 面接者に求められる会話の作法
　前項では，リフレクティング・チーム側に求められる会話の作法を説明しましたが，面接システムにおける面接者にも，求められる会話の作法があります。リフレクティング・チーム形式の会話において，面接者の役割はとても重要なものであり，そこでの会話全体をケアし，育てていく育成者ともいえるような立場です。適切な会話ができるようになるためには，一定の経験と学びが不可欠ですが，ひとまず，面接者における会話の作法をよく示している面接システムでのはじめの主要な質問の仕方について見ていきましょう。アンデルセンは以下のような重要な質問があると述べています（Andersen 1992）。

（1）話し合いへの参加の経緯についての質問
　これは，イシュー提供者やイシュー関係者がどのような経緯で今回の話し合いに参加するという決断に至ったのかを尋ねる質問です。この質問は，「どなたがはじめに話し合いの機会を持とうとお考えになったのですか」という質問と，「ほかの方はそのお考えについてどう思われましたか」という質問の二つに分けることができます。「どなたがその案を特に気に入っていて，どなたが心配な気持ちになっているでしょうか」といった尋ね方もできます。この質問は，参加者の中で誰が話す準備ができていて，誰がそうではないかを明らかにしてくれます。

（2）話し合いの活用についての質問
　これは，イシュー提供者やイシュー関係者が今回の話し合いをどのように活用したいと考えているのかを尋ねる質問です。こうした質問への答えは，話し合いへの参加に積極的な人ほど，何らかの自分の考えを持っていることが多いでしょう。面接者は，その答えから話し合いにおいて期待されていることを受け取ることができます。また，この質問は，二つの副次的な質問を含みます。一つは，「どんな形式で話し合いましょうか」という質問で，どこで話し合いをするのがよいのか，リフレクティング・チームを用いるのがよいのか，同じ部屋で一緒に話すのがよいのか，といったことを尋ねます。先に「基本手順」の

部分でも触れましたが，こうした質問の背景には，参加者にとって居心地の悪い形式での話し合いを避けるという意図があります。

(3)「何について話し合いたいですか」という質問

もう一つの質問は，「何について話し合いたいですか」という質問で，誰が，誰と，どの時点で，どんなふうに，どのイシューについて話したいのかを尋ねます。参加者の誰もが，話し合いの中で出てくるすべての話題について当然話せるなどと考えるべきではありません。話し合いの中で新しいイシューが登場したら，「これまでそのことについてどのくらい話したことがありますか」と尋ね，それぞれの参加者がそのイシューについて話すことに対して，どのくらい心の準備ができているのかを確認するとよいでしょう。「あらためてまたの機会に話し合いましょうか」「いずれ別の日にその話題について話し合いたい人々で話しましょうか」といった質問もできるでしょう。

● 4-3 会話の作法の考え方

以上に見てきたような面接者の質問の仕方，会話の作法の全体に通底している考え方は，話し合いの場において参加者全員（イシュー提供者やイシュー関係者のみならず，面接者やリフレクティング・チームのメンバーも含むすべての人々）が心地良くあれるようなやり方，少なくとも居心地の悪くないやり方で会話を進める（そのような会話の空間を創出する）ということにほかなりません。そのためには，考える（解釈したり，分析したり，説明したりする）のではなく，会話の相手をよく見て，相手の話をよく聞くという基本姿勢がとりわけ大切です。もちろん，それはリフレクティング・チーム側の会話の作法にも共通していることがわかるでしょう。

さて，もしかすると読者の皆さんの中には，こうした説明を読んで，「なるほどこうした会話の作法は，参加者の居心地の良さのためには有効かもしれないが，何らかの問題を具体的に解決するためには，専門的な見地からの明確な指示，あるいは，経験者からの教育的な指導，場合によっては，厳しい批判といったものも，やはり必要なのではないか」「たとえ話し合いたくないことであっても，それに直面して議論しないと状況は変わらないのではないか」と感じる

方もいるかもしれません。たしかに，そうしたやり方が有効な場面もときにはあるでしょう。しかし，第1章のコミュニケーション・モデルの部分で紹介した悪循環の話を思い出してみてください。何とかして眠ろうと強く意識しすぎるほど眠れないこと。あるいは，街角で時折見かける風景ですが，ぐずる子どもに泣き止むよう親が大声で叱りつけるほど，子どもは大泣きしてしまう，というふうに，解決しようと熱心になればなるほど，問題を悪化させてしまう事態は，コミュニケーションの世界ではよく見られることでした。

　そうした，いわば「押しつけがましい」行き方に対して，リフレクティングにおける参加者全員の「心地良さ」を大切にする会話の作法には，変化を生み出すための会話としてのリフレクティングの基本姿勢と，その背景にある考え方が存しています。それは，一言でいうならば，「変化を生み出すのは適度な差異である」という考え方です。ベイトソンが，情報とは「差異を生む差異」であると指摘したことはよく知られていますが，アンデルセンは，それを踏まえてさらに，「差異を差異化する」ことの重要性を指摘しました（Andersen 1987）。そこで示されるのが，「小さすぎて気づかれないような差異」「気づかれるのに十分な適度な差異」「システムを壊してしまうような大きすぎる差異」という三つのタイプの差異です。これらの差異のなかで「適度な差異」だけが次なる差異，すなわち「変化」を生み出すことができます。小さすぎるささやき声では，何事かが私たちの耳に届いたかどうかの判断すらできないかもしれません。一方で，耳をつんざく大音量で鼓膜が傷ついてしまっては，やはり聞くことは不可能になってしまうでしょう。

　もちろん，ここでは声の大きさのことを問題にしたいわけではありません。話される内容があまりに大きすぎる差異，すなわち，受けとめることが難しいくらい強い刺激であるとき，そこでは会話のシステム自体が壊れてしまうかもしれず，実質的な会話は途絶えてしまうかもしれないということです。こうしたことについてアンデルセンは，「意味を創造する者たちが，お互いに他の者から丁度良いずれをともなった意味を生み出すなら，彼らは相手のアイデアを受け入れることができるだろう」（Andersen 1992: 88–89）と述べています。

5 会話の環境

　第1章において，印象深い1985年3月のリフレクティング・チーム誕生の物語に触れた読者は，リフレクティング・チーム形式の会話をおこなう際，やはりワンウェイ・ミラーで区切られた適度な大きさの二つの部屋，隣の部屋の会話を伝えるためのマイクロフォン，会話のプロセスを後で振り返り研究するためのビデオ機器などがあることが望ましいのではないかと感じられるかもしれません。たしかに，ワンウェイ・ミラーを用いることができれば，もう一方のグループと視線が交錯するのを気にすることなく，じっくりと会話に集中したり，その様子をながめたりすることができますから，とりわけリフレクティング・チーム形式での会話に慣れていない人たちにとっては，この会話の仕組みを体感するうえで有効な道具だといえるでしょう。その他の道具も，もし，それらがあるならば，状況に応じて有効に活用することができます。しかし，これらがまったくない環境においても，リフレクティング・チーム形式の会話をおこなうことは十分に可能ですし，その場の状況に応じたさまざまな工夫を通して，会話の環境づくりをすることもできます。

　筆者自身のこれまでの経験を踏まえますと，会話に参加する人々が互いに無理なく余裕をもって座ることのできる落ち着いた空間と，温かい空気，外部からの雑音などの刺激によって会話を邪魔されることのない適度なゆとりさえあれば，基本的にはどのような場所でもリフレクティング・チーム形式の会話をおこなうことができます。とはいえ，次のような点に気をつけることで，会話の環境はより望ましいものになるでしょう。

● 5-1　会場の条件

　リフレクティング・チーム形式の会話をおこなう会場は，先に述べたように必ずしもワンウェイ・ミラーなどの設備は必要ではありません。職場や学校，その他の施設などでおこなう場合には，一定の静かな環境が保てる会議室のような空間があれば十分でしょう。ただし，人の出入りが多かったり，あまり騒がしい場所は好ましくありません。また，空間的な広さは十分でも，参加者にとって何らかの理由で居心地の悪い場所（物理的な理由以外にも，その場所がはらむ

図2-5　リフレクティング・チーム形式における座席の配置例

社会的・文化的・心理的意味づけなど，さまざまなことが考えられます）は避けるべきでしょう。何より参加者が落ち着いて快適に過ごせることが大切ですので，その点を重視して会場を選びます。なお，会場の椅子やテーブルが可動式ですと，次に述べるように座席のレイアウトを柔軟に変更しやすいでしょう。

● 5-2　席の配置

　席の配置は，面接システムとリフレクティング・チームの二つのグループが適度に離れた場所（ただし，あまり離れすぎてしまうと，マイクなどの設備がない環境では，相手のグループの声が聞こえなくなってしまうので，互いの声が届く距離）に，それぞれあまり窮屈に感じずに座ることができるよう椅子とテーブルを配置します（テーブルがない場合は，椅子のみでも構いません）。

　ワンウェイ・ミラーがない状況でリフレクティング・チーム形式の会話をおこなう場合，とりわけ慣れない参加者同士の間では，つい二つのグループを越えて話しかけてしまったり，直接話しかけないにしても，他方のグループのメンバーに対してアイコンタクトを交わしたり，相槌を求めてしまったりすることが生じがちです。このため，あらかじめ二つのグループの視線が交錯しないように椅子とテーブルの向きを調整しておきます。また，二つのグループの間に観葉植物などを配置すると，視線の交錯を避けるのにも役立ち，参加者たちに二つのグループ間に境があることを印象づけるうえでも有効です。

● 5-3　記録のための道具

　当然，参加者全員への説明と同意が前提になりますが，研究や今後の実践の

ために会話の記録をとりたい場合もあるかもしれません。音声のみの記録であれば、ICレコーダーなどをテーブルに配置することができますし、映像での記録も残す場合には、話し合っている部屋にビデオカメラを設置して、全員の姿がうまく収まるように撮影します。ただし、参加者にとって、カメラのレンズがプレッシャーにならないよう、どの角度から撮影するのが望ましいのか、参加者の意見を尊重しましょう。

　全体の記録以外に、参加者個々人が他のグループの話し合いを聞いているときや、自分たちのグループで話し合っているときに、備忘録的にメモをとりたいと感じる場合もあるでしょう。必要最低限のメモは、自分の中に浮かんできたアイデアを書き留めておくのに有効な場合もありますから、会場のテーブルには、簡単なメモ用紙を準備しておいてもよいでしょう。ただし、メモ用紙を置いてしまうと、他のグループの発言や会話の相手の発言を正確に記録しようとして、メモに集中してしまう人が時折います。無論、記録する作業に集中してじっくりと聞くことができず、また、落ち着いて考えることができなくなってしまうというのは、リフレクティングにおいては本末転倒です。リフレクティング・チーム形式の会話の参加者にとって、この場は正確な記録をとるための時間ではなく、あくまで「はなす」ことと「きく」ことのための時間であることに留意しましょう。

● 5-4　その他

　その他にも、その場の状況において可能な範囲で会話の環境づくりの工夫を考えることができます。たとえば、照明を調整できる会場であれば、あまり明るすぎない柔らかい色の明かりにすることができるかもしれませんし、気持ちをリラックスさせてくれる植物や、暖かい部屋、新鮮な空気、さりげない小物も有効かもしれません。いずれにせよ、参加者にとっての居心地の良さを大切にする姿勢を各々の文脈で忘れないことが大切です。

　あらためていいますが、リフレクティングをおこなうのに豪華な部屋や最新の設備は必要ではありません。ただ、できることなら、その場所が参加者全員にとって「すてきな場所」でありますように。そうした場所でこそ、人は安心して新たなアイデアを受け入れ、他者と自身の変化を生み出すことができるのではないでしょうか。

プラスワンポイント［アンデルセンにおける会話のイメージ］

　本章の最後に，皆さんがリフレクティング・トークに臨むためのひとつの手引きとして，晩年のアンデルセンが描いていた会話のイメージについて紹介しておきましょう。「はなしする二人（Two Talking Persons）」と題された絵をアンデルセンは，晩年の論文や講演の中で繰り返し描いているのですが，その絵に付された説明は次のようなものです。

> 　絵の中で，左側の人が話し，右側の人が聞いている。聞き手は，すべてのことばを聞くだけでなく，話し手が自らのことばをいかに受けとめているのかも見ている。聞き手は，話し手のいくつかのことばが話し手に受けとめられ，聞かれるばかりでなく，話し手の心を動かしていることに気づくだろう（このことは，図の中で，話し手の耳から心への矢印によって描かれている）。話し手のこれらの動きは，見られ，聞かれるかもしれない。時に話し手の表情に影が差し，手は閉じられたり，開かれたりし，せきばらいや涙，沈黙などが訪れるかもしれない。聞き手は，話されたことばが，知らずして話し手がかつて経験した何かを再び経験させるような意味をもたらすことを知る。しばしば，聞き手は，話し手が心動かされていることに気づき，そのことに心奪われ，感動する（このことは心への矢印で記されている）。両者が心動かされた瞬間こそ，質問やコメントを始める良い機会であり，それらの質問やコメントが話し手の心の動き，二人の心の動きを持続させる。表現の変化や展開といった動きは，困難な状況についての新たな理解や，踏み出し得るであろう次なる一歩についての新しいアイデアを可能にし，そこから，問題の瞬間が次なる希望に満ちた，さほど困難でない瞬間となるかもしれない（Andersen 2007b: 91-92）。

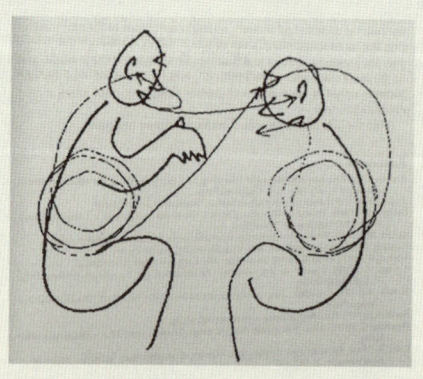

図1　Two Talking Persons（Andersen 2007b: 91）

3 特　　質
本体・様相・作用の観点から

　リフレクティングという画期的なコミュニケーションのあり方を提示し，その多様な文脈における可能性を自らの実践を通して切り拓き，世界各地に直接・間接の多大な影響を与え続けているアンデルセンは，必ずしも多くの記述を残してはいない。その限られた記述についても，繰り返しリフレクトし，考え直し続けていた様子が見て取れる[1]。本章では，前章においてその基本手順を紹介したリフレクティング・チーム形式の会話の基盤となるリフレクティングの理論的特質について，アンデルセンの記述に寄り添いつつ，同時に，筆者自身の考察を折り重ねて探究していく。ただし，アンデルセンの残した言葉たちは，きわめて豊かな直感と示唆が散りばめられた原石のような存在であるため，そこに秘められた特質を浮かび上がらせるには，いくつかの特殊な光源（それ自体，他の光源からの光をリフレクトしつつ，固有の輝きを有するような諸理論）を用いた観察を必要とする。

　あるいは，こうした試みはアンデルセン本来の意図を逸脱して筆者独自の見立てを推し進めてしまう危うさをはらむものかもしれないが，リフレクティングの特質を明確にするためのささやかな試みとして，読者の参考に供したい。以下の探究においては，リフレクティングの理論的特質を闡明することを企図し，その本体，様相，作用という三つの次元のそれぞれに順次焦点を合わせつつ，

---

1) アンデルセンの主著の邦訳版『リフレクティング・プロセス―会話における会話と会話』には，エピローグとして「2年後のリフレクション」「6年後の本書との再会」といった記述が重ねられ，その時点でのリフレクティングに関する新たな実践や，自身の理解の変化が率直に示されている。

そこに適宜，異なる性質の理論的光をあて，その姿を浮かび上がらせていく。

1 本体：観察を観察すること

● 1-1 二次的観察

リフレクティングの本体が，立場の旋回を伴う観察という特質にあることは，「リフレクティング・プロセスそのものは，さまざまな参与者がなす，はなすこととさくことの転換を定式化するものとして記述することができるだろう」（Andersen 1992）というアンデルセンの言葉からも確認できる。しかし，ごく日常的な会話場面を想定しても，「はなすこと」と「きくこと」がその参与者間で立場を入れ替えつつ繰り返し生じるのは，むしろ当然のことであるだろう。にもかかわらず，あらためてそれをリフレクティング・プロセスとして定式化する意義はどこに見出されるだろうか。

ここでなすべきことは，「はなすこととさくことの転換」について，リフレクティング・チーム形式の会話に見られる「明かりと音声の切り替え」という印象的ではあるが，あくまでワンウェイ・ミラーを用いた面接場面という限定された状況から少し距離をおき，より普遍的なその意義を再考してみることである。

たしかに，1985年3月の晩の「明かりと音声の切り替え」という実践のおかれた家族療法における歴史的文脈を考えるならば，一方的に「観察する側」という特権的立場を占めてきた専門家としてのセラピストたちが，「観察される側」へと踏み出したインパクトは大きなものであったろうし，そのこと自体のパフォーマティヴな効果もあっただろう。けれども，リフレクティングの本体としての「立場の旋回を伴う観察」の理論的含意は，たんに「クライアント-セラピスト」，あるいは，「患者（家族）-専門家」関係の平等化に留まるようなものではない。

少なくともそこには，二つの大きな理論的意義を確認することができる。一つは，〈観察する／観察される〉という区別に「観察を観察する」（二次的観察）という水準が加わったこと，もう一つは，〈はなすこと／きくこと〉を〈外的会話／内的会話〉として位置づけることにより，コミュニケーション・システム

表3-1 第二次サイバネティクスの特徴 (出典：Andersen 1991)

第一次サイバネティクス (First-order cybernetics)	第二次サイバネティクス (Second-order cybernetics)
その「事態」（例，病気）にはなにか実体があるものと見なされる。	その「事態」（例，病気）は変遷する文脈の一部および関係のあるものと見なされる。
専門家はその「事態」（例，病気）に働きかける（治療）。	専門家はその「事態」（例，病気）についてのその人物の理解に対して働きかける。
ある人物がその「事態」（例，病気）をあるがままに見出す。その「事態」には一つの選択肢しかない。	ある人物はその「事態」がいかなるものであるかという理解を生みだす。これは多くの可能な選択肢の一つでしかない。
個人の変化は外部から命令できる。それゆえにそれは予見できる。	個人の変化は内部から自然に起こってくるのであり，それがいつどのようにどんなかたちで起こってくるかは知りえない。

と心的システムの水準の区別，および，その相互のうつし込みの可能性が示されたことである。

まず，「観察を観察する」（二次的観察）ということについて見ていこう。二次的観察という考え方は，第二次サイバネティクスの提唱者として知られるシステム論者フォン・フェルスターによって示されたものである。一言でいえば，そこでは，"observed system"（観察されたシステム）から"observing system"（観察するシステム《の観察》）へ，という視点の変更がなされている。アンデルセンは，その主著のなかで二次的サイバネティクスの特徴を一次的サイバネティクスといくつかの点で対比する表3-1のような表を提示している（Andersen ed. 1991=2001: 82）。

ここで，リフレクティングの本体を照らす光源として独自の社会システム論で知られるニクラス・ルーマン（Niklas Luhmann）による隠喩を紹介しよう。ルーマン（1990=2009）によれば，二次のサイバネティクスに相当する意義をもつのは，鏡の隠喩である。この隠喩で重要なのは，そこにものの姿が映るということだけではなく，鏡なしでは見ることのできないもの，つまり観察者自身をうつし出すということである。この隠喩について今少し敷衍しよう。ルーマンにおける観察概念は，「区別と指し示しの操作」というスペンサー＝ブラウン（George Spencer-Brown）に由来するきわめて形式的な定義を出発点としており，その概念としての汎用性は非常に高い。実際，何かを観察する際には，

その何かを指し示さねばならないし，何かを指し示すためには，それを他のものから区別せねばならない。これ自体は，ほとんど説明を要さないきわめて当然のことである。

　観察におけるこうした区別は，その区別をもって見ることができるものを見ることができるという意味では，世界へ何らかの接近可能性を開くものである一方で，この区別をもって見ることができないものは見ることができないという意味では，観察における拘束でもある。したがって，ある観察を遂行している観察者が自らの盲点，すなわち，自らが用いている区別自体を同時に観察することは不可能である。ある観察が何を観察することができないかについては，観察図式の転換（別の視点から観察すること）や，時間の助けを借りて（過去の観察について現時点から観察すること）のみ，観察することができる。それが観察の観察，すなわち二次的観察ということである。たとえば，個人の意識のレベルで考えると，ある時点のある状況のなかで「あれか，これか」と懸命に思い悩んでいたことが，多少の時を経て振り返った際に，いかに特定の枠組みのなかだけで考えていたことかと気づかれることは，誰しも経験のあるところであろうし，組織や集団のレベルでも，たとえば，営利至上主義的な考え方でより優れた戦略を選択する企業の行動の盲点をコンプライアンスの視点から労働組合が指摘する（この場合，経済的合理性にもとづく企業の観察を労働組合がコンプライアンスの視点から二次的に観察していると見なすことができる）といった類の事例は，さまざまな集団間・組織間の組み合わせでいくらでも想像できるだろう。

　ただし，二次的観察もまた一種の観察である以上，自らの観察においては観察しえない盲点をはらむことになる（したがって，二次的観察は，何らより良い洞察や，ましてより良い根拠や確かさをもった知識を保証するものではない）。しかし，二次的観察において観察者は，自らが観察者として何らかの区別を用いており，

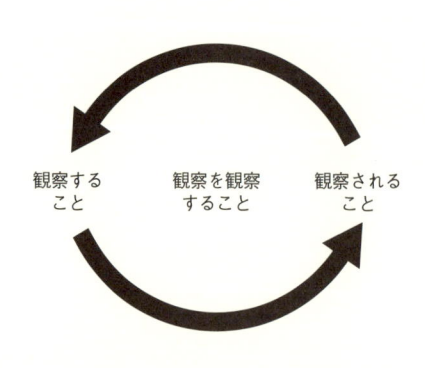

図3-1　リフレクティングの本体

盲点を有するということに，他の観察の観察を通して気づくことができる。したがって，二次的観察者にとって世界の記述は，必然的ではなく偶発的なもの（他でもありうるもの）となる。世界の記述を偶発的なものにするこうした視点の変更は，実践的には，近年きわめて広範な心理療法に共通したプロセスとして指摘されている「メタ認知」を涵養するものとして解釈することも可能だろうし，リフレクティングは，そうした視点の変更（ただし，それはけっして一次から二次への一方通行的な変更ではなく，両者を行き来しつつ，多層的な観察のうつし込みを促すものである）を一定の時空間において実際に促進するための方法として評価できるだろう。

● 1-2　オートポイエティック・システムと作動上の閉鎖性

つぎに，〈はなすこと／きくこと〉を〈外的会話／内的会話〉として位置づけることによるコミュニケーション・システムと心的システムの水準の区別，および，その相互のうつし込みの可能性の提示について見ていこう。システムという言葉自体は，すでに本書でもしばしば用いてきたが，以後の議論においては，チリの生物学者ウンベルト・マトゥラーナ（Humberto Romesín Maturana）とフランシスコ・ヴァレラ（Francisco Javier Varela）によって，1970 年代に生命の有機構成を明らかにするために提唱されたオートポイエティック・システムに焦点をおく。第二次サイバネティクスの系譜に位置づけられる彼らの議論は，アンデルセンもその実践の理論的背景のひとつとして言及しており，1980 年代以降のルーマンの社会システム論の展開に大きな影響を及ぼしたことでも知られている。

では，そもそもオートポイエーシス（autopoiesis）とは何か。かのアリストテレスは，人間の知をテオーリア（見ること），プラクシス（おこなうこと），ポイエーシス（作ること）に大別したが，オート（= self）ポイエティック・システムとは，すなわち，自己産出システムの謂いであり，そこでは，システムを成立せしめる構成要素の相互作用を通じて実現された諸過程のネットワークによって，当該システムの構成要素が産出されていく[2]。その機構の定義は以

---
2) オートポイエティック・システム，および，そこに至る一般システム論の展開過程については，河本英夫（1995）に詳しい。

下のようなものである。

> オートポイエティック・マシンとは，構成素が構成素を産出するという産出（変形および破壊）過程のネットワークとして，有機的に構成（単位体として規定）された機械である。このとき構成素は，次のような特徴をもつ。(i) 変換と相互作用をつうじて，自己を産出するプロセス（関係）のネットワークを，絶えず再生産し実現する。(ii) ネットワーク（機械）を空間に具体的な単位体として構成し，またその空間内において構成素は，ネットワークが実現する位相的領域を特定することによってみずからが存在する（Maturana & Varela 1980=1991: 70–71）。

　オートポイエティックな有機構成から導かれるいくつかの帰結のなかでも，とりわけ従来の認識論，存在論のラディカルな更新を要請するのが「入力と出力の不在」というテーゼである。従来のシステム論的な考え方からすれば，「入力と出力の不在」とは，外界とのエネルギー代謝も物質代謝もない孤立系を意味するゆえに，そのようなシステムが存続することは不可能と捉えられるだろう。きわめて理解困難なこのテーゼについて，ルーマンは「作動上の閉鎖性」という表現を用いて再解釈をおこなっている。たとえば，ルーマンにおいてオートポイエティックな生命体システムの一種として位置づけられている脳について見てみよう。脳が視覚にせよ，聴覚，触覚，嗅覚せよ，電気的な基礎づけによる操作言語（電気信号）を用いたネットワークによって働いていることは周知のとおりである。ほとんどの場合，脳の外部環境にそうした言語と同等のものが存するわけではない[3]。マトゥラーナとヴァレラによって紹介されている例（Maturana & Varela 1984=1987）を用いるなら，一個のオレンジを蛍光灯によって照明されている自分の部屋から，太陽光によって照明されている中庭に持って出たとしても，オレンジは同じオレンジ色に見えるという事実。このことから確認されるのは，ある対象物の色彩は，その対象物からわれわれが受け取る光の性質（波長）によって決定されているのではなく，神経システム

---

3) 近年では，脳の特定の部位に直接電気刺激を与えることで脳の活動に何らかの影響を生じさせる研究も進展しているが，それらはあくまで特異な状況だろう。

の活動状態，システムの構造そのものによって規定された特定のパターンに対応しているということだ。こうした事実からの帰結は，われわれの常識的思考に一定の驚きをもたらすだろう。すなわち，「われわれは，外界へのアプローチが閉ざされているがゆえに，外界を認識するのである」（ルーマン 1990: 20）。

　ルーマンは，「閉鎖性にもとづく開放性」というパラドキシカルな表現によって説明されるこうしたオートポイエティック・システムの考え方を，マトゥラーナとヴァレラにおける生命体システムのみを想定した議論から一般理論へと押し広げ，一般システム理論の革新として自らの社会システム理論に導入している。その議論において，ルーマンは，コミュニケーションにもとづくコミュニケーション・システムと，意識にもとづく心的システムとが，それぞれにオートポイエティック・システムとして高度に相互依存しつつも，互いに完全に自律的なシステムであると述べている。すなわち，これらのシステムにおいて，それぞれのシステムの作動上の閉鎖性こそが，あらゆるものについての意識可能性やコミュニケーション可能性を実現するのである。

　実際，一定の相互行為の水準に限定したとしても，そこでコミュニケートされていることの逐一を意識することは意識の許容量をはるかに超えるし，逆に，意識に浮かぶ内容の逐一をコミュニケートすることは，可能なコミュニケーションの許容量を超えるであろうことは，ただちに了解される。さらに，たとえば「誠実さ」をコミュニケートしようとすることが，「誠実さ」への懐疑を呼び起こすがゆえに，それについてコミュニケートすることが困難になるといった状況や，相手の話を聞いていたつもりで，気がつけば話の内容と関係のない空想にふけっているような状況，その空想から生じた相手の話とは無関係な独り言が相手の好意的な反応を引きだしてさらなるコミュニケーションが展開されていくといった状況なども，ごく日常的な場面において容易に想像ができるだろう。それゆえ，何らかのことばが，意識とコミュニケーションを瞬間的に結びつけたとしても，次の瞬間にはその結びつきは解かれてしまうし，むしろ，そうであればこそ，コミュニケーション・システムはコミュニケーションを継続することができ，心的システムは意識を継続することが可能になるといえる。

　以上のようなオートポイエティック・システムの観点に立つならば，従来の心理療法において想定されてきたセラピストによる実践がきわめて困難に満ち

たものであることがあらためて理解される。症状の診断にもとづく介入という従来のセラピストによるコミュニケーション・システムの水準でのアプローチは，その固定した構えによって，自律的に作動し続けるクライアントの心的システムとすれ違ってしまう可能性をつねにはらまざるをえない[4]。

● 1-3　構造的カップリング

では，リフレクティングにおいて志向される「はなすこととききくことの相互のうつし込み」という事態が，ともに作動上の閉鎖性を有するオートポイエティック・システムである心的システムとコミュニケーション・システムとの間でいかにして可能だろうか。コミュニケーション・システムと心的システムの間で見られるような異なるシステム水準間の相互のうつし込みのことをオートポイエティック・システムの議論においては，「構造的カップリング」と呼ぶ。マトゥラーナとヴァレラによる次の説明が，一般的ではあるが，わかりやすいだろう。

> オートポイエーシス単体を，特有の構造をもつものとして描写するとき，単体と環境との相互作用は（再現的なものであるかぎり）両者の相互的攪乱なのだということが，ぼくらにはあきらかにわかる。こうした相互作用においては，環境の構造はオートポイエーシス単体内部の構造的変化をひきおこす［引き金をひく］だけ（それを特定したり指定したり指令をあたえたりはしない）なのであり，環境のほうから見れば事態はそれとちょうど逆になる。その結果，オートポイエーシス単体とその環境が分離されてしまわないかぎり，相互的・合同的な構造的変化の歴史がつづくのだということになるだろう。そこには構造的カップリングが存在する，のだ（Maturana & Varela 1984=1987: 50）。

---

4) 心理療法におけるセラピストのアプローチには，臨床動作法やEMDR（Eye Movement Desensitization and Reprocessing）などのように，身体の動作を通して心的システムにアプローチする方法も存在するが，オートポイエティック・システムとしての心的システムという観点からは，やはり同様の困難を抱えることになる。

3 特　質

　すなわち，構造的カップリングとは，オートポイエティック・システムとその環境とのカップリング（連結）を意味している。もちろん，連結といっても，オートポイエティック・システムが作動上の閉鎖性を有している以上，環境からの何らかのはたらきかけがそのままシステム内部の作動を指定するといったことが考えられているわけではない。そこに因果法則と見なしうるような関係は存在しないのである。そこにあるのは，あくまでシステムのオートポイエーシスが破壊されない範囲で受容される環境からの刺激といったものだ。

　構造的カップリングという観点から心的システムとコミュニケーション・システムの関係についてみると，これらのシステムは，それぞれにオートポイエティック・システムとして作動上の閉鎖性を保持しつつも，互いに他方のシステムを不可欠の環境として構造的カップリングをおこなっていることがわかる。意識とコミュニケーションが完全に結びついて進行していくという事態（それはつねにテレパシーで心と心が直結しているような非現実的な状態であろう）が想像し難いのと同様に，意識の存在なしにコミュニケーション・システムが存在することも，コミュニケーションの存在なしに心的システムが存在することもまた想像し難いだろう。ただし，いかにコミュニケーションが心的システム，あるいは，意識や身体を有する生命体の存在を前提とするとしても，コミュニケーション自体をそうした生命体やその集合，あるいは，心的システムに直接帰属させることはできない。

　こうした心的システムとコミュニケーション・システムとの構造的カップリングを可能とする装置としてルーマンが指摘するものこそ，言語にほかならない。

> 言語とは，明確に立てられた一つの理論問題への回答です。言語は明らかにある二面性をもっています。言語は心的にも，またコミュニケーション的にも利用可能です。そして，言語は両方の作動方法——すなわち注意の使用とコミュニケーションの使用——を分離したり，分離を留めたりすることを妨げません（Luhmann 2002=2007: 342）。

　しかし，言語がそのような構造的カップリングの装置として有効に働いたと

しても，オートポイエティック・システムとしての各システムの作動上の閉鎖性を前にして，前項の最後で述べたような心理療法全般に共通する困難はやはり避け難いものであるといえるだろう。ただし，ルーマンは，そうした困難さを指摘しつつ，ありえる介入の技術について次のようにも述べている。

> 意識プロセスや，まして意識の構造発展をコミュニケーションによりプランニングすることは，こうした状況から難しいと思われる。しかしながら，純粋な偶然が支配するというわけではない。介入の技術は，絶好の機会（Gelegenheit）を利用することにあるだろう。そしてまた，ことによると機会を計画的に濃密にするようなチャンスがあるかもしれない（Simon ed. 1997: 77）。

すなわち，その一瞬一瞬において，意識とコミュニケーションが時に交錯し，時に離れていくような状況のなかで，セラピストに求められるのは，何らかの確定的なプランを保持してそれを実行するような技術ではなく，一瞬にして消えてしまうような「絶好の機会」を待つ技術であるというわけである。セラピストたちに対し，ルーマンは，「いかにしてセラピーの実践を自ずと機会に満ちたものとして展開できるのだろうか」（Simon ed. 1997: 180）と問いかけている。

以上のような議論を踏まえてあらためて考えるならば，リフレクティングが提示した新たなプロセスには，その仕組みにおいてコミュニケーション・システムと心的システムとの相互の自律性を前提としたセラピーの場面における「機会の涵養」という画期的技術が内蔵されていると解釈することが可能である。すなわち，アンデルセンのいう〈外的会話／内的会話〉の区別は，実際のリフレクティング・トークの場において，ワンウェイ・ミラーなどを用いた二つのグループの意図的分断を通して実現される。そこでは，たとえば一方のグループにおいて外的会話がなされている間に，他方のグループには，目の前で展開される多様なとっかかりを有した数々のことばについて，自由にながめながら，そのカップリングのポイントを選択する機会が提供されている。また，その際，「聞かなくてもいい自由」が確保されていることによって，安心して内的会話を促進することが可能となっているといえる。こうした心的システムとコ

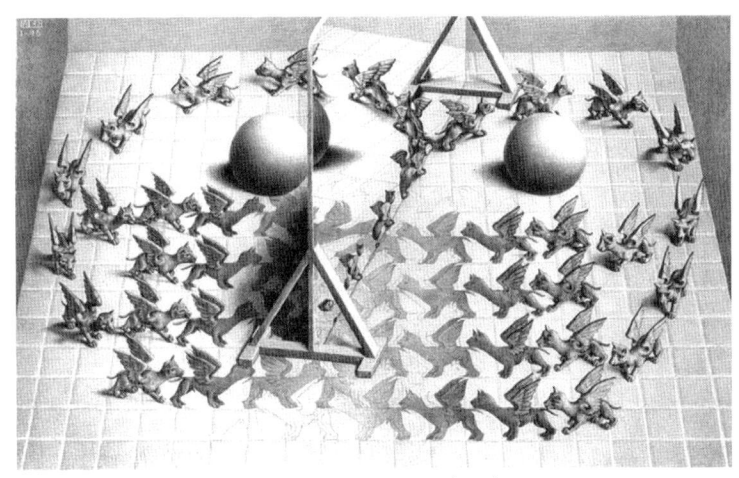

図 3-2　M. C. Escher Magic Mirror（1946）lithograph

ミュニケーション・システムとが互いを観察しあう（すなわち，観察を観察する）プロセスこそ，「はなすこととききくことの相互のうつし込み」としてのリフレクティングの本体にほかならない。

　すなわち，リフレクティングにおいて，ワンウェイ・ミラーの向こうにグループの外的会話のトピックとして語られている自己の姿を，構造的カップリングの装置としての言葉を介して見出すということは，その鏡（それはまさにマウリッツ・エッシャー（Maurits Cornelis Escher）のきわめて示唆的な作品「マジックミラー」[5]に描かれた不思議な鏡のようなものだ）にうつし出された「観察するものとして観察されたもの」としての自己の影を，心的システムが

---

5) このエッシャーの絵をたんに面接システムとリフレクティング・チームの二つのグループがワンウェイ・ミラーによって隔てられた会話の場面の隠喩として解釈することも可能であろうが，絵の中の鏡によって隔てられているのが，心的システムとコミュニケーション・システムという二つのシステムであるという見立ては，なお示唆に富む。仮に，鏡の様子を見ることのできる画面の右側を心的システムと位置づけよう。この鏡面にうつる映像は，鏡の向こう側に存在する別のシステム（コミュニケーション・システム）の姿のように見えて，あくまで心的システムが生み出した心的システム内部の映像にほかならない。それが意味するのは，オートポイエティック・システムとしての心的システムの作動上の閉鎖性である。しかし，その鏡面の内からこそ，立体感を伴った有翼の獅子（＝アクチュアルな現実としての事象への意識）が生み出される。そもそも，心的システムの側からは（また同時に，この絵を見るわれわれからも），

内的会話を伴いながら観察するということを意味している。双方のグループにおける外的会話が，グループ間のコミュニケーションにおける二次的観察を促進するのは，各々のシステムの境界（個々の心的システムとその環境との境界，心的システムとコミュニケーション・システムとの境界，各コミュニケーション・システムとその環境との境界）に置かれた隠喩としての鏡が，こうしたシステムの自律的作動としての観察におけるうつし込みを可能にするためである。内的会話と外的会話の相互のうつし込みを可能とするこの隠喩としての鏡とは，すなわち，広義の言語，ことばにほかならない。

　もちろん，こうした多層的な観察相互のうつし込みの促進は，リフレクティング・チーム形式以外にもさまざまな手法や形式を用いて可能だろう。そもそも，広義の言語，ことばを用いること自体がすでに原初的な現象の二重化であり，心理療法でいうところの外在化のはたらきを伴うものである[6]。しかし，ことばを用いた外的会話（コミュニケーション）と内的会話（意識）との相互のうつし込みについてあらためて整理するならば，内的および外的会話におけるリフレクティングの意義は一層明確となる。ここでは，口頭によるコミュニ

　＼鏡の裏面を見ることはできない。はたしてマジックミラーの向こうのコミュニケーション・システムにとっても，それは鏡面であるのか，あるいは，マジックミラーのタイトルのとおり，その見え方は，鏡のこちら側とあちら側で異なるのか。仮想した心的システムの側からのみならず，この絵を見つめるわれわれからもそれは知りえない。仮に，画面の右側をコミュニケーション・システムと位置づけた場合にも事態は同様である。そして，さらに注目すべきは，絵の手前に見られる鏡に隔てられていない床の部分における有翼の獅子の図像の連なりである。そこには当該システムにおけるアクチュアリティを失い，きわめておぼろげな姿となりながらも，両システムの閉鎖性を超えた接続の可能性が垣間見られる。ただし，それはあくまで図像の色彩の反転，図と地の反転を伴うような接続のあり方であり，決して一方のシステムの意味が元の姿形を保持したまま，直接的に他方のシステムへと踏み込んでくるようなものではない。言語という装置を介した心的システムとコミュニケーション・システムとの構造的カップリングの様相とは，そのようなものである。

[6] 心理療法の文脈に限定されない，より一般的なことばの外在化作用については，Ricœur（1975=1985）を参照。そのなかで，ポール・リクール（Paul Ricœur）は，何事かがいわれることによって，出来事が意味へと超出していくことに見られるような疎隔（隔てられてあること）の積極的で生産的な機能について論じ，「疎隔とは，了解が克服すべきものであるだけでなく，了解を条件づけるものでもある」（Ricœur 1975=1985: 189）と述べている。

ケーションと書かれた文字を用いたコミュニケーションとの差異に関するルーマンの指摘から見ていこう。

> 口頭による呈示にとって不可欠の契機として，話し手と聴き手が同時に〔コミュニケーションに〕巻き込まれること，複数の知覚メディアが（特に聴覚と視覚が）同時に用いられること，声の高低の変化やジェスチャーや休止が使用されること，聴き手が介入してくる可能性や《話者交替 turn taking》の可能性が常に存していることなどが挙げられる。これらを文字によるテクストの形式へと移し入れることはできない。本質的なのは，話すことと聴くことの同時性が，単に時計によって計測された推移のうちにあるのではないという点である（Luhmann 1997=2009: 286）。

すなわち，同じことばを用いたコミュニケーションでも，口頭によるコミュニケーションが話し手と聞き手の同時性（さらにいえば，その場で生成される声の響きや会話のリズムへの没入）を不可欠に伴うものであるのに対して，文字によるコミュニケーションには，基本的にそれが欠けている。もちろん，たとえば，文字を介した読書という体験，あるいは，メールやSNS上での文字のやり取りにおいても，その速度やリズムが読み手にもたらす一定の効果を無視することはできないが，それは口頭によるコミュニケーションの同時性とは大きく異なるだろう。そもそも，相手が不在の場でことばの表象を意識的に操作することを必要とする「書く」という行為は，たんにことばを用いることに加えて，さらに一段の二重化，外在化，そして，抽象化を伴うものである[7]。このことが及ぼす影響の深さは計り知れないが[8]，ここでは，本節の主題であるコミュニケーション・システムと心的システムとの言語を介した構造的カップリング，すなわち，内的会話と外的会話のうつし込みに焦点を絞ろう。

---

7) 書きことばが二重の抽象（ことばの音声的側面と対話者の抽象）を要求する状況であることに関する，子どもの発達の観点からの研究として，Выготский（1934=2001）を参照。
8) 口頭によるコミュニケーションと文字によるコミュニケーションの差異がわれわれの思考や表現，文化のあり方に及ぼす多大な影響については，Ong（1982=1991）を参照。

ルーマンが指摘するように，口頭によるコミュニケーションでは，原則として話し手と聞き手が同時にコミュニケーションに巻き込まれることになる。話すことと聞くことは同時進行し，話し手にとってほかならぬ存在である聞き手は，目前の身体性を伴うことば（声）に直面しつつそれに反応することに追われがちであるため，内的会話による外的会話のうつし込み，外的会話による内的会話のうつし込みの範囲は，いずれも相対的に狭隘なものとなりやすい。

これに対して，文字によるコミュニケーションは，そうした状況からの解放を意味する。そこでは，必ずしも特定の誰かに向けてではなく，不特定多数の人々や，まだ見ぬ未来の読者に向けて書くこともできるし，そうして書かれたものを，はるかな時間的・空間的隔たりを超えて，深夜，自室で独り静かに読むことも可能である。書き手にとっては，「書く」こと自体が内的会話の高度な組織化を要する行為であるため，時間をかけて自らの内なる他者たちとの内的会話に沈潜しつつ，じっくりと文章を編んでいかねばならないし，読み手にとっては，その場に書き手が不在であること，すなわち，その文章の書かれた文脈から解放されていることにより，読み手の文脈に応じた自由な読み方が可能となり，書かれた文章から内的会話にうつし込まれることばは，はるかに多様なものとなりえる。

こうした整理を踏まえ，コミュニケーションとしてのリフレクティング・トークについて，その位置づけをあらためて考えるならば，どのようなことがいえるだろうか。大胆に述べるならば，リフレクティング・トーク特有の内的会話と外的会話とのうつし込みは，二つの会話の距離に関して，通常の口頭によるコミュニケーションと文字によるコミュニケーションとの間に位置づけられる新たなコミュニケーションのあり方，いわば「声」と「文字」の間に固有の時間の流れを生み出す第三のコミュニケーションのあり方と見なすことができる。文字によるコミュニケーションが文字化されたテクストにより，強力な外在化を可能とする一方で，文脈からの乖離（先に述べたように，それは文脈からの解放でもあるのだが）を生じがちであるのに対し，リフレクティング・トークでは，口頭によるコミュニケーションの人為的分断を伴いつつも，そうした場を共有し，共在していることにより，適度な外在化と適度な文脈の保持を可能とする。そこでは，話し手の「声」に接しつつも隔てられるという絶妙な

「間」を保つことによって，聞き手がじっくりと内的会話を進めることが可能となるのである[9]。

　以上，リフレクティングの本体としての特質について見てきた。本節での議論から明らかなとおり，たとえリフレクティング・チームの表面的形式のみをなぞったとしても，そこで各々が一次的観察を遂行するにとどまったり，専門家の側によって，心的システムにおける観察とコミュニケーション・システムにおける観察の直接的な接続という不可能な事態が目指されたり，二つの会話の間に適切なうつし込みのための十分な間が確保されないならば，そこでリフレクティングが実現することは難しいだろう。

2 様相：ヘテラルキーと斜め性

● 2-1　ヘテラルキー

　リフレクティングの様相，すなわち，その「すがた」「かたち」「あらわれ」といったものの特質については，アンデルセンの「1985 年 3 月に感じた安堵感は，おもにセラピーにおけるヒエラルキー的関係を離れ，ヘテラルキー的関係へと移行したことによるものであったろう」（Andersen 1995: 18）という記述によく表現されている。リフレクティング・チーム誕生の契機となった「明かりと音声の切り替え」という実践が，クライアント家族との関係において一方

---

[9] ここで，文字によるコミュニケーションでありながら，時間的・空間的隔たり，文脈からの乖離を生じさせない方法，「手紙」の可能性について考えることもできる。それは，リフレクティング・トークが通常の口頭によるコミュニケーションをあえて分断することで適度な「間」を生じさせたのとはちょうど逆向きに，通常の文字によるコミュニケーションがはらむ脱文脈性に対して，書くことがもたらす適度な「間」（そこで人は，誰かに見られることのなく自由にさまざまな声で語ることができるし，そうして文字となった自身の声をじっくり聞くことができる）を保持しつつも，特定の書き手と読み手が文脈を深く共有する場を構成するための一つの方法である。そうした手紙の特質を生かした魅力的な家族療法の実践としてアンデルセンとも深い交流のあったペギー・ペン（Peggy Penn）による一連の取り組みを参照（Penn 2009）。そこでは，書くことを通して内的会話が深められるとともに，その内的会話をうつし込んだ手紙が声に出して読み上げられることを通して，新たな外的会話と内的会話を促していく。ペンは，それらの取り組みをある種のリフレクティング・プロセスと位置づけている。

的に「観察する側」という特権的立場を占めてきた専門家たちを「観察される側」へと踏み出させるものであったことは，先にも述べたとおりであるが，そこに見出されたのがヘテラルキー的関係にほかならない。

　ヘテラルキー（heterarchy）とは，アメリカの神経生理学者ウォーレン・マカロック（Warren Sturgis McCulloch）の1945年の論文において提唱された概念で，官僚制などに見られるピラミッド型の階層的な序列関係を表す概念としてよく知られているヒエラルキー（hierarchy）に対して，階層間の異質性や異質な階層間の相互作用に焦点をあてた概念である。

　アンデルセンは，上記の文章に続けて，ヘテラルキー的関係を「民主的関係」「対等な関係」「等しく重要な貢献者としての関係」といった，より一般的な言葉に言い換えられるかもしれないと述べている。他の多く論者たちもまた，リフレクティング・チーム形式に言及する際，その構造がクライアントと専門家であるセラピストとの間に存在する権力関係を平等化するものである点を強調している。このことから，人々はリフレクティングをクライアントと専門家の間に見られるような何らかの不均衡な権力関係を解消するもの，すなわち，社会関係における〈垂直的関係（縦のもの）／水平的関係（横のもの）〉という区別における，後者の水平的関係性を導くものであると理解するかもしれない。しかし，こうした説明や理解は，二つの意味で危ういものであると筆者は考えている。

　まず，そもそも「民主的関係」「対等な関係」といったものが，必ずしもリフレクティング・チームという形式を用いることで自動的に達成されるようなものではないことに注意すべきである。たとえば，リフレクティング・チーム形式をセラピストのトレーニングに活用したある研究[10]では，家族，訓練中のセラピスト，スーパーバイザーという三者のリフレクティング・チーム形式での会話における経験をたどるなかで，「いつ」「いかに」リフレクションを用いるかに関して，スーパーバイザーが最も影響力を保持するような状況が生じうることや，セラピストがリフレクティング・チームの活用に関する選択を家族にゆだねたつもりでも，その家族の誰かがリフレクティング・チーム形式での会

---

10) この研究の詳細については，Youngほか（1997）を参照。

話における経験に強い当惑を感じるような状況が生じうることが紹介されている。

　権力者の側が，「この方法がわれわれの平等な関係を築くうえで必要なのですよ」と，ときにはその優しさや信念によって，また，ときには気づかぬうちに，特定の方法を一方的に弱い立場の者に押し付けるような事態は，われわれの日常生活のいたるところに見出される。それは，いわばコンスタティヴな水準（＝「この方法が平等な関係を築く」という事実確認的水準）をパフォーマティヴな水準（＝その方法を一方的に強制するという行為遂行的水準）で裏切ってしまうというある種のパラドキシカルな状況を意味しているが[11]，そうした状況こそがリフレクティングの志向する本当の意味での会話の可能性を閉ざしてしまうことは明らかだろう。形式のみをなぞったリフレクティング・チームの濫用もまた，実践者の自覚の有無にかかわらず，それと同様の轍を踏む可能性があることに留意が必要である。

　つぎに，そもそも本来のヘテラルキー的関係は，静的構造として記述可能な単純な水平的関係とはまったく異なるものであることに注意すべきである。先にも述べたように，ヘテラルキーは，階層間の異質性，異質な階層間の相互作用に焦点をおく概念である。この概念を用いて複雑性についての議論を展開している郡司ペギオ幸夫らは，以下のような例を挙げている。

> たとえばサラリーマンの意思決定についてモデルをつくる場合を考えてみよう。彼の行動を決定論的に記述しようとしても，彼の行動は異なる階層，家庭や会社組織などに，同時に帰属する。休日出勤する彼の行動は，会社組織にとってはよいことであり，家庭にとっては悪いことだ。事実彼は，そのために躊躇し，ある場合には休日出勤し，またある場合には欠勤する。結果的に，彼の意思決定にとって最も重要な要因，家庭か会社組織かを，観察者は決定できない。つまり逆に，階層間で他の階層への影響は，絶えず互いに矛盾する。階層構造ではこのような状況が多々あり，それで

---

11) 言語行為論における事実確認的（constative）／行為遂行的（performative）という二つの次元の区別については，Austin（1962＝1978）を参照。

> もある階層（サラリーマン個人）への影響は，結果的に一意に決まる。こ
> こに，矛盾に抗した決定が発見される（郡司・上浦 2006: 4-5）。

　こうした例は，個人に限らず，生物の細胞レベルから，病院や企業などの組織，国家まで，さまざまな水準において見出すことが可能である。リフレクティング・チーム形式の会話が誕生した際の家族療法の状況にあてはめるなら，そこにはクライアント家族とセラピスト・チームという二つの階層が存在しており，各々の階層内で何らかの課題についての異質な理解が形成されている。アンデルセンのいう「セラピーにおけるヒエラルキー的関係」に依拠する限りは，現実の理解はあくまでセラピスト・チームという専門家側の階層によって記述された描像として一意的に決定されうるだろう。実際，観察や診断をおこなうのは一方的にセラピスト・チームの側だったのであり，そこに何らかの「変化」が見出されるとしても，それはあくまでセラピスト・チームという専門家側の階層によって一貫して記述される変化であった。そこにクライアント家族という異なる階層による観察と，さらに，二つの異質な階層間の相互作用の可能性を切り拓いたのが，明かりと音声の切り替えを用いたリフレクティング・チーム形式の会話である。二つの異質な階層は，相手の会話について会話するという方法で階層間の相互作用をおこなう。ただし，会話についての会話を通して双方の階層において生じる変化のゆくえは，それによって二つの階層間の相互作用の形式にも変化を与え続けるゆえに，論理的には決定不能である。しかし，それにもかかわらず二つの階層構造（クライアント家族とセラピスト・チームの会話）は，その内部を変質させつつも同一性を維持しながら，破綻することなく階層間相互作用を進行させていく。すなわち，ヘテラルキーとは，階層間相互作用の形式を一意に決定することが原理的に困難な状況にあって，階層間相互作用の意義を認めようという視点なのである[12]。

---

12) さらに郡司らは，ヘテラルキー概念に安定性とは異なる頑健性を読みとるというリフレクティング理解にとって示唆深い議論を展開している。詳細については郡司・上浦（2006）を参照。

● 2-2　制度を使った精神療法と斜め性

　ここでリフレクティングの様相としての特質であるヘテラルキー的関係について，その理論的意義を別の角度から吟味するために新たな光源を導入しよう。それは，パリの南西にあるラ・ボルド精神病院[13]における「制度を使った精神療法」について論じるなかでフェリックス・ガタリ（Pierre-Félix Guattari）が提示した「斜め性（トランスヴェルサリテ）」という概念である。そもそも「制度を使った精神療法」とはどのようなものか。

> この療法の基本的な考え方は，「病んだ環境では病気を治すことができない」，だから「まず治療環境を治していこう」ということである。したがって治療環境がどのような病気に冒されているのかということを，医師や看護師や患者自身が明らかにしていくことこそがこの療法の出発点になる。自分たちが属する環境に対し，それを構成している制度の不具合を議論し，改革を試み，また議論する。こうした循環的実践の中で，私たちの中でとどこおっていたもの，ふさがれていたものが流れだし，周囲とぶつかり，周囲を変え，また自己を変えていく。これが「制度を使った精神療法」による治療である（多賀・三脇 2008: i–ii）。

　この療法は，フランスで制度概念と精神療法が出会うことによって始まった。そのシンボルであるラ・ボルド精神病院がジャン・ウリ（Jean Oury）によって設立されたのが1953年，ウリに協力を依頼されたガタリが，何の専門的資格もない青年としてこの病院で働き始めたのが1955年である。ガタリは，働き始めて数カ月のうちに「全体集会，書記局，在院患者とスタッフが同等の立場で運営する協同委員会，一日を活性化するための基盤委員会，個人の負担を連絡調整する事務局，新聞発行，絵画，裁縫，鶏小屋，園芸など，あらゆる種類の『作業場』といったものをつくった」（Guattari 2012=2012: 93–94）という。

　現在も，ラ・ボルド精神病院においては，滞在者（ラ・ボルド精神病院では，

---

13) この病院は，ニコラ・フィリベール（Nicolas Philibert）による『すべての些細な事柄』（1996）というドキュメンタリー映画の舞台としても知られている。

患者をこう呼んでいる）の自主的な経営によるバー，壁新聞や新聞，アトリエ活動などの治療的クラブが活動しており，それらはメンバーによるミーティングによって運営され，病院との契約にもとづいて病院組織からある程度自立した組織として運営されている[14]。こうしたさまざまな制度を改編構築していく際に不可欠であるのが，既存の制度を分析しながら，制度の構成員が会話を交わしていくということである。そこにおいて，自分たちを取り巻く制度のなかにある問題点を引き出し，それについて言葉を用いて会話し，その問題点を治していくことが，「制度を使った精神療法」に不可欠の「制度分析」という取り組みである。ラ・ボルド精神病院でおこなわれる諸活動は，それ自体に既存の文脈の問い直しの契機となる制度分析が含み込まれており，その点においてわが国の精神科病院で見られるような一方的に提供されるグループ活動や趣味活動などのプログラムとは決定的に異なっている。

ラ・ボルド精神病院においてこうした制度分析を可能とし，また，制度分析の持続によって産出されるものが，ガタリのいう「斜め性（トランスヴェルサリテ）」である。トランスヴェルサリテには，当該論文を含む訳本（Guattari 1972=1994）において「横断性」という訳語が与えられているが，三脇康生が指摘しているように，少々威圧的な印象のある「横断性」よりも，風通しのよさをイメージさせる「斜め性」という訳語の方が似つかわしい。ガタリによって，それは次の二つのものに対置されている。

---

(1) たとえばピラミッド構造の組織図（長がいて副がいてといった）によってつくられた説明図のなかなどに見いだされる垂直性。
(2) 病院の中庭とか，興奮のおさまらぬ連中あるいはもっといい例としてはぼけてしまった人々を収容する特別舎のなかなど，つまり人とものがみずからのおかれている状況と最大限折り合いをつけるかたちになっている一定の実際的状態のなかにおいて現実化するような類の水平性（Guattari 1972=1994: 131）。

---

14) ラ・ボルド精神病院における魅力的な活動やその考え方の詳細に加えて，日本の精神医療の現場での試みについて，多賀・三脇（2008）に詳しい。

これらに対して，斜め性とは，「純粋な垂直性の次元と単なる水平性の次元という二つの袋小路を乗り越えようとするひとつの次元」(同：132) であり，「それは，さまざまな異なったレベルのあいだで，とりわけさまざまな異なった方向で最大限のコミュニケーションが実行されるときに，具体化していく」(同：132) ものである。ガタリは，こうした斜め性の比率が，病院においてはスタッフひとりひとりの無分別の度合いに対応していると述べており，また，多少なりとも大きな規模の斜め性を明るみに出すことだけが，しばらくの間にせよ，「諸個人が集団を鏡として使う現実的な可能性を提供する分析的プロセスの発動を可能にするだろう」(同：135) と指摘している。それはきわめて繊細で不安定な，しかし，そこにこそ大切なことが生まれる可能性をはらむ身振りだ。

　若い頃からガタリを知り，ラ・ボルド精神病院のかたわらに暮らす作家のマリー・ドゥピュセ（Marie Depussé）が紹介する次のエピソードは，そうした大切なことがいかにしてラ・ボルド精神病院で保たれていたのかを描き出している。

> 指導員と在院者からなるあるグループが陶芸場で作業をしている。彼らは壺をつくっている。ある日，フェリックスとウリが毎週おこなわれる看護師と狂人が集まるアセンブリーのとき，この陶芸グループについて話をする。「なんてきれいな壺なんだろうね！」とウリが言う。フェリックスが「そうだね」と真顔で応える。「でもちょっと……」と言いよどむと，ウリが「ちょっときれいすぎると言いたいのかい？」と応える。「言い出せなかったんだけど，そう思ったんだ」とフェリックス。
> ウリかフェリックスのどちらかが，この陶芸のアトリエはとりあえず一度閉鎖しなくてはならないと思う，と語る。というのは，きれいな壺をつくることだけに熱心になると，このアトリエで大事なのは壺だけになってしまって，並んで話をし，互いに鍛えあい，罵りあう人間が不在になって，アトリエは主観性の発揮される場ではなくなり，制度を産出することができなくなって，壺しかつくらなくなるからだ！ (Guattari 2012=2012: 33-34)。

　では，こうしたガタリの斜め性の概念を踏まえるとき，リフレクティングの

様相としての特質であるヘテラルキー的関係について，われわれはどのような理解を得ることができるだろうか。「制度を使った精神療法」の基本である「治療環境を治す」という姿勢は，アンデルセンが従来の家族療法に対しておこなった「明かりと音声の切り替え」によるクライアント家族とセラピスト・チームとの関係の変化，すなわち，家族療法という文脈に内在する矛盾を自らの「居心地の悪さ」として感受し，専門家と家族の両者にとって，本来の自己の成立を可能にするようなより居心地の良い関係への変化に向けておこなった振る舞いと，その基盤において通底している（当然，それぞれの実践の位置づく文脈には大きな相違がみられるが）。そして，そこでガタリが垂直性とも水平性とも対置されるべき概念として「斜め性」を提示しているのを知ることは，異質な階層間の動的な相互作用を扱う方法論として提示されたヘテラルキー概念を安易に平等主義，静的構造としての水平的関係と履き違えないために有効である。

すなわち，1985年3月に生じたリフレクティングとしてのリフレクティング・チーム形式の会話の様相とは，従来の「クライアント‐専門家」関係における垂直性にも，かといってたんなるその否定としての水平性（それを目指すならば，アンデルセンらは，鏡を取り払い，ただ皆で輪になって話し合えばよかったのだから）にも収束しない，それらを斜めに乗り越えていく別の流れ，別のコミュニケーションを具体的に創出し続けていくような動きである。

実際，1985年3月のリフレクティングの試み以降も，アンデルセンはさまざまな場で新たな斜めの流れ（あるいは，既存の文脈に新鮮な風を通すこと）を可能にするような「場」を生みだし続けた。たとえば，トロムソ大学の同僚であったゲオルグ・ホイヤー（Georg Høyer）によれば，アンデルセンは2004年，オスロで精神保健サービスにおける強制治療に関する会議を開催し，そこで専門職グループ，当事者家族グループ，当事者グループ，政策決定者（警察，医師会，保健省などの代表からなる）グループがその問題について順に壇上で話していくというリフレクティングをおこない，その後の政策決定に影響を与えたという（Høyer 2007）。また，ユーディット・ワグナー（Judit Wagner）によれば，アンデルセンは，スウェーデンのカルマル刑務所において，被収容者と看守，セラピストによるリフレクティングの実践を16年間にわたり支援

し，その追跡調査の一環として開催された会議では，元収容者，刑務所職員，政策決定者といった構成による会話を実施している（Wagner 2009）。さらに，アンデルセンとその同僚によって1990年代半ばに設立された精神病トリートメントのための国際的ネットワーク（The International Network for the Treatment of Psychoses）は，ほとんどの北欧諸国と近隣諸国，そして今や広く世界各国の多様なグループの参加のもと，ゆるやかなネットワークとして現在も国境を越えた会話と活動を発展させており，第7章で紹介するオープン・ダイアローグの世界的な広がりにも大きく貢献している。

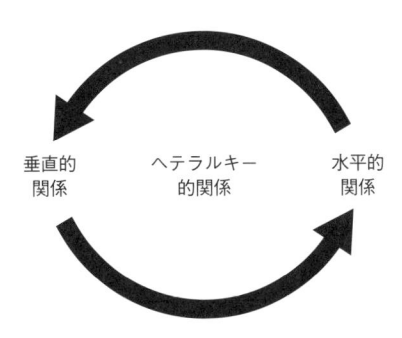

図3-3 リフレクティングの様相

単純な垂直性でも水平性でもない流れとしてのこうした動きを指し示そうとするならば，《《垂直的関係／水平的関係》／ヘテラルキー的関係》という新たな区別を用いねばならないだろう。ただし，これまで述べてきたように，ヘテラルキー的関係は，一定の形式や制度におさまるものではなく，あくまで既存の形式や制度を新たに開いていこうとするすべての些細な出来事のなかにのみ，その痕跡を示すようなものである。リフレクティングの様相としての特質はそこに存する。

3 作用：かたり，はなし，ゆるひ

● 3-1 ナラティヴ，コラボレイティヴ，リフレクティング

最後に，リフレクティングの作用，すなわち，そのはたらきの特質について検討する。それによって，アンデルセンのリフレクティングが表面上類似した形式を用いる他の諸実践や，理論的背景を共有し，相互に影響を与え合ういくつかの潮流のなかでいかなる独自な効果を発揮するものであるのかが明らかになるだろう。

あらためて，これまでわが国においてリフレクティングがどのように紹介

されてきたのかを少し振り返っておこう。アンデルセンの主著（Andersen 1991）が，その一部を再編されて邦訳・刊行されたのは2001年であるが，その少し前に，リフレクティングは，「ナラティヴ」という家族療法における新たな潮流を構成する流派の一つという位置づけで紹介された。ナラティヴ・セラピー，ナラティヴ・プラクティス，ナラティヴ・アプローチ，ナラティヴ・ベイスト・メディスン，ナラティヴ・メディエーションなどなど，前世紀末からこれまでの間に「ナラティヴ」をめぐる語りは本邦のさまざまな分野において着実な広がりを示し，いまや人口に膾炙す，といっても過言ではない。その大きな契機といえるのが，1997年に野口裕二と野村直樹によって抄訳・刊行された『ナラティヴ・セラピー』（McNamee & Gergen eds. 1992=1997）である。本書は，家族療法の領域で大きな変革の流れを生み出したマイケル・ホワイト（Michael White）とデイヴィッド・エプストン（David Epston）の「再著述療法」，ハロルド・グーリシャン（Harold Armen Goolishian）とハーレーン・アンダーソン（Harlene Anderson）の「無知のアプローチ」，そして，アンデルセンの「リフレクティング・チーム」という三様の実践のエッセンスが凝縮された記念碑的論集である。

　直訳すれば「社会的構成としての治療（Therapy as Social Construction）」となる本書のタイトルを「ナラティヴ・セラピー」としたのは，その後，本邦のナラティヴ概念の牽引役となった翻訳者たちの慧眼といえる。しかし，そのゆえにか，「ナラティヴ・セラピーの主たる三つの学派」（小森ほか1999）といった形でまとめて紹介されることも多い上記の三様の実践は，その理論的背景に社会構成主義[15]を有するという点で共通しているものの（また，それらの実践が相互に影響を与え合いながら，より豊かなものへと深化していったことも確かであるものの），その本質的志向に差異をはらむものであることが，ときに看過されがちでもある。たとえば，この差異について明示的に論じたジェラルド・モンク（Gerald Monk）とダイアン・ゲハート（Diane Gehart）は，ホワイトらによるそれを「ナラティヴ」，グーリシャンらによるそれを「コラボレイティヴ」と呼んで区別し，前者のスタンスを「社会政治的な活動家」，後者のスタンスを「会話のパートナー」と名づけることで，両者の特質を的確に抉摘している。

> これらの比喩を用いることで，二つのアプローチの間の認識論的相違，および，異なる実践的応用について，ナラティヴ・セラピストの焦点が抑圧的実践への対抗に置かれているのに対して，コラボレイティヴ・セラピストの関心は可能性の多様さに焦点を置くものとして描き出される（Monk & Gehart 2003: 23）。

 すなわち，社会構成主義という理論的背景を共有しつつも，ホワイトらナラティヴ・セラピストが抑圧的実践や社会的不平等に対して，クライアントとともにその原因を解明し，解体するような意図的な介入を志向するのに対して，コラボレイティヴ・セラピストは，あくまで会話のパートナーとして注意深く介入や会話の内容の方向づけを避け，代わりに会話において多様なパースペクティヴを展開することを志向するのである。
 こうした両者との関係においてアンデルセンによるリフレクティングの実践を位置づけるとするならば，その主著における多数のグーリシャンへの言及からも明らかなとおり，「コラボレイティヴ」に近しいものといえるだろう。アンダーソンとグーリシャンによる，その後の家族療法の流れを大きく変えた記念碑的論文「言語システムとしてのヒューマンシステム」においても，リフレクティング・チームについて，「このようにオープンな対話に満ちたチームでは，診断を巡る是非についての議論や競争原理や権威の行使など，かろやかに避けて通ることができる。このチームは，問題の意味が修正されシフトしていく過

前ページ 15）社会構成主義の代表的論者の一人であるケネス・ガーゲン（Kenneth Jay Gergen）によれば，社会構成主義の中心的前提は次の五つである（Gergen 1994=2004）。これらの考え方は，リフレクティングの理論的前提としてもきわめて重要なものである。
 1. 世界やわれわれ自身を説明する言葉は，その説明対象によって規定されない。
 2. 世界やわれわれ自身を理解するための言葉や形式は，社会的産物である―すなわち，歴史的・文化的に埋め込まれた，人々の交流の産物である。
 3. 世界や自己についての説明がどの位の間支持されるかは，その説明の客観的妥当性ではなく，社会的過程の変遷に依拠して決まる。
 4. 言語の意味は，言語が関係性のパターンの中で機能するあり方の中にある。
 5. 既存の言語形式を吟味することは，社会生活のパターンを吟味することにほかならない。こうした吟味は，他の文化集団に発言力を与える。

程（つまりセラピー）を，活発な共同作業の場へと変えていく」（Anderson & Goolishian 1988=2013: 89）との言及がなされている。

一方，アンデルセンの記述の中に，「語り」や「物語」とも訳される「ナラティヴ」，あるいは，「ストーリー」といったナラティヴ・セラピーの核ともいえる語句を見出すことは，思いのほか難しい。代わってそこに見出されるのは，「会話（conversation）」，あるいは，「話す（talk）」という語句である。こうした言葉の差異は，一見些細なことのように感じられるかもしれないが，そこにはリフレクティングの作用，すなわち，そのはたらきの特質が体現されていると筆者は考えている。

● 3-2 大和言葉と適度な差異

ここで，「ナラティヴ」と「会話」の差異，より端的には〈かたり／はなし〉の区別にもとづくリフレクティングの作用の特質の理論的吟味のために，日本語，とりわけ大和言葉の豊かさを基盤に哲学することの可能性を独自に切り拓いた坂部恵の議論を新たな光源として導入しよう。坂部は，「かたり」という言語行為を特徴づけるにあたり，それと近しい表現である「はなし」との対比をおこなっている。

> 結論をさきまわりして言ってしまえば，おなじ起承転結をもったひとまとまりの発語行為ないし発話行為といっても，〈かたり〉と〈はなし〉の間には，その成り立つレベルの差があきらかにみとめられるようにおもわれる。一言で言えば，二つをくらべた場合，〈はなし〉のほうが，より素朴，直接的であり，これに対して，〈かたり〉のほうは，いわばより統合の度合が高く，また，反省，屈折の度が高い（坂部 1989: 14）。

「はなし」よりも「かたり」の方が統合の度合が高いという指摘は，われわれの日常的な言語感覚からも納得できるものだろう。たしかに，両者はどちらもたんなる「ことば」と比較するならば，言語行為として現勢化されたものであると同時に，通常複数の文からなる比較的長いことばのまとまりとして一定の意味作用を有するという点で共通している。しかし，「はなしのすじ」という用

法に対して,「かたりのすじ」とは言われないことからもわかるように,「かたり」にはそもそも一定のすじ（プロットやストーリー）が大前提として含意されている。一方で,「はなし」は必ずしも一貫したまとまりを有するとは限らないものである。坂部は, さらにこれらの言葉の語源に触れつつ, 次のように述べる。

> すなわち,〈はなす〉という言語行為が, どちらかと言えば,〈離す〉あるいは〈端―成す〉として, 原初的な分節ないし差異の設定にかかわるのにたいして, 一方,〈かたる〉行為のほうは,〈形―る〉こと,〈かたどる〉こととして, 一旦分節化ないし差異化されたものを〈形〉〈イマゴ〉に向けてとりあつめ, 統合するものとして, 前者よりもより上位の階層に位置する, と考えられるのである（坂部 1989: 16-17）。

類似の指摘は, 物語の哲学を展開する野家啓一（2005）の議論にも見出される。そこでは,「話す」が「放つ」に由来し,「語る」が「象る」に由来することをひとつの傍証としつつ,「話す」が状況依存的で出来事的な言語行為であるのに対し,「語る」は, はるかに状況独立的で構造的な言語行為であるとされる。

こうした大和言葉を通して仄見える,〈かたり／はなし〉という区別にはらまれた〈かたり（形―り, 象り）／はなし（離し, 端―成し, 放ち）〉という奥行きを踏まえるならば,「かたる」ことに比較して「はなす」ことの方に重心を置くリフレクティングの作用の特質があらためて明らかとなるだろう。すなわち, そこに見出される基本的作用は, 原初的な差異を生み出し, 意味を発散させていくようなはたらきである。無論, リフレクティングにおける実際の会話がつねに意味を発散させていくばかりとは限らないし, これまで語られることのなかった物語がその場で想起され, あるいは, その場で創出されるということもありうるだろう。さらに, 意図的に「かたる（形―る, 象る）」ことを志向したリフレクティング・チーム形式の活用法も実際にありうる[16)]。そうした意味で, リフレクティング＝「はなし」という短絡に至るべきではない。しかし, リフレクティングにおける会話の作用は, あくまで参加者を編み込んだコミュニケーションの流れ, とりわけ, 参加者にとって固着し, 揺るがし難いものとなっ

てしまっているような何らかの文脈をほぐし，可能な変化に向けて拓いていくことにその重点がおかれていることは確かだろう。

　リフレクティングが，差異の生成を促す「はなし」に重点をおく理論的背景には，家族療法の源流のひとつであるベイトソンの強い影響を確認することもできる。優れた臨床家であったアンデルセンは，第2章においても触れたように，情報とは「差異を生む差異」であるというベイトソンの言明を踏まえつつ，さらにそうした「差異を差異化する」ことの重要性を指摘している（Andersen 1987）。すなわち，「小さすぎて気づかれないような差異」「気づかれるのに十分な大きさの適度な差異」「システムを壊してしまうような大きすぎる差異」という三つのタイプの差異である。これらの差異のなかで「適度な差異」だけが時を経た差異，すなわち変化を生み出すことができる。「適度な差異」とは，既存の枠組みからの適度な逸脱であり，発散，つまり，一定の文脈を踏まえつつも，そこで適度な刺激として効果するような「ことば」を「はなす（離す，端―成す，放つ）」ことにほかならない。

　ここで，アンデルセンに大きな影響を与えたもう一人の重要な人物（その影響は，文献を通した理論的なものというよりも，直接的体験を通してのものである），ノルウェーの理学療法士アデル・ビューロー＝ハンセン（Aadel Bülow-Hansen）について紹介しておこう。この女性がしていたことを理解するために人生の大半を費やした，と述べるアンデルセンは，彼女との出会いが，差異と変化をめぐるベイトソンの議論に取り組むことへと自身を導いたと回想している。そこでアンデルセンが学んだのは，次のようなことだ。

> 彼女がやったのは，痛みを引き起こすことだ。たとえば，腕や足のふくらはぎの筋肉をぎゅっとつかんだ。彼女が筋肉をつかむと，痛みが生じる。

前ページ16）たとえば，リフレクティング・チーム形式を自らの実践に導入していたホワイトが，定義的祝祭におけるアウトサイダーウィットネスによる「語り直し」について，そのことが人々の人生のストーリーを共有された主題に沿って「つなぎとめる」ことに貢献する，と見なしていたこと（つまり，「かたり（形―り，象り）」のためにリフレクティング・チームを活用していること）が例として挙げられるだろう。これについて詳しくは，White（2007=2009）を参照。

> 身体は思わず息を吸い，僕らが息を吸い込むと，身体はさらに伸びる。僕らがさらに息を吸うと，一層身体が伸び，僕らは空気を取り入れて，胸を満たす。胸が満たされると，空気は出ていく。たとえば，ため息とともに，身体の緊張はいくらか消えていく。彼女がやったのは，人々がより深い呼吸をするよう手伝うことだった。より深い呼吸をもたらすためには痛みを生じさせねばならないという点にある隠喩に気づくことは，興味深い。彼女はいつもこう言って人々を励ました。「空気を受け入れて」。決して，「息を吸って」とは言わなかった。「空気を受け入れて」と言ったのだ。僕にとって，それは「生命を受け入れて」の隠喩だ（Malinen et al. 2012=2015: 61）。

より深い呼吸をもたらすための痛み。身体の強張りをほぐすために必要とされる刺激は，ちょうどいい加減であることが何より大切なことである。なぜなら，「彼女の手が柔らかすぎたら，胸の動きに変化は起きない。だが，もしも，その手が少し強ければ，胸のさらなる動きが生じる。もしもその手が強すぎたり，長くやりすぎたら，人々は大きく息を吸い込んで，吐き出さない」（Malinen et al. 2012=2015: 63）のだから。アンデルセンは，ビューロー＝ハンセンから直接に学んだこうした臨床感覚をリフレクティングにおける会話のはたらきの中核に組み込んだのである。

リフレクティングの作用における特質とは，会話におけるこうした「適度な差異」の生成にほかならない。あらためてこのはたらきに相応しい言葉を大和言葉のうちに求めるなら，一方向的に「かたる（形―る，象る）」ばかりでも，かといって「はなす（離す，端―成す，放つ）」ばかりでもなく，収束と発散の両者の間を適度に揺らぎつつ，固定された文脈をほぐし，適度に文脈を踏まえた変容を生成していくような新たな表現が求められるだろう。そのような言葉として筆者が思い浮かべるのが「ゆるふ」である。「ゆるふ」とは，縛

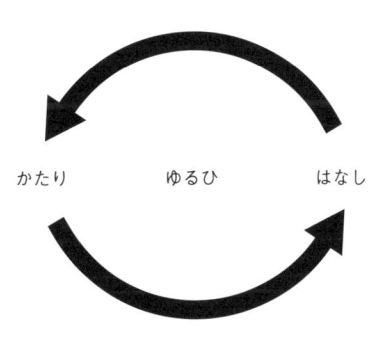

図3-4 リフレクティングの作用

られた，張り詰めた状態を「ゆるめる」こと，つまり，「緩ふ」「弛ふ」であり，さらに，気持ちをゆるめることである「許す」にも通ずる。リフレクティングにおける会話は，差異の生成を通したたんなる意味の発散でも，それとは逆向きの意味の統合でもなく，《《かたる／はなす》／ゆるふ》という区別を行き来しつつ（心地よく揺るがしつつ），可能な変化を生み出していく作用をもたらすものである[17]。

4 「うつし」としてのリフレクティング

　以上，本章では，本体，様相，作用という三つの側面からリフレクティングの理論的特質を照らし出すために，ルーマンの二次的観察をめぐる隠喩，ガタリの「制度を使った精神療法」の実践から導かれた斜め性，坂部の大和言葉を生かした言語行為をめぐる哲学といったそれぞれの光源からの光をうつし込むことを試みてきた。その結果，リフレクティングの理論的含意として，その本体としての《《観察すること／観察されること》／観察を観察すること》，その様相における《《垂直的関係／水平的関係》／ヘテラルキー的関係》，その作用である《《かたり／はなし》／ゆるひ》という特質を見出すことができたように思う。ただし，「あれか，これか」よりも，「あれも，これも」（さらには，「あれでもなく，これでもなく」）を旨とするのがアンデルセンのリフレクティングである。すなわち，これら三つの側面の各々に見出された入れ子的三項関係は，そのうちのいずれかの範疇に至高の価値を見出し，それを囲い込むための壁を築くことを意図したものではなく，むしろ，それらの範疇の間を行き来するための橋を架けること，あるいは，インドラの網[18]のごとく個々のしるしが互いをうつし込み，そのうつし込み合いをもまたうつし込むような運動を生じせしめることを意図している。

---

17) 社会心理学の父とも呼ばれるクルト・レヴィン（Kurt Lewin）が，個人や集団において変化が生じるために，溶解（unfreezing），移動（moving），凍結（freezing）という三つの段階が踏まえられることを指摘したことはよく知られている（Lewin 1951=1979）。ここでの議論に即して解釈するならば，溶解とは「ゆるひ」，移動とは「はなし」，凍結とは「かたり」と位置づけられるだろう。

3 特　質

　では，ここまでの本章における吟味を踏まえ，あらためてリフレクティングとはいかなることとしてわれわれの生活のうちに位置づけることができるだろうか。以下，蛇足的かもしれないが，ささやかながらこの国の言葉に寄りそってリフレクティングの理論的特質を振り返り，なぞりなおしてみたい。そうすることで，ノルウェーで生まれ，北欧をはじめとする欧米圏で広く受容・展開されてきたリフレクティングについて，これから日本語で考え，日本語を用いてその実践に取り組もうとする人々の多少の参考となる可能性が期待されるし，何より筆者自身の内的会話の歩みを今少し推し進めたいためでもある。

　まず，そもそものリフレクティングという言葉であるが，ここまでに見てきたその本体，様相，作用に通底するうごきをあえて一言の日本語に込めるならば，いかなる言葉が適切だろうか。それは，すでに幾度か本書でも用いてきた「うつし」という言葉にほかなるまい。岩波古語辞典によれば，「うつし（写し・移し）」には次のような意味が含まれる。

> ①物や文字の形をそのまま現す。②（影や光を）そっくり投影する。③（色や香を）そのまま他のものにつける。④模倣する。模造する。⑤もののけを「よりまし」につかせる。⑥話をそのままに取りつぐ。⑦そっくりそのまま移動させる。置きかえる。⑧そのまま時を過ごす。⑨人を流罪にする。

　また，「うつし」の自動詞形である「うつり（映り・移り）」には，大方重複するが次のような意味が含まれる。

> ①そのままの形が別の所に投影される。②（色や香が）そのまま他のもの

前ページ18）インドラの網とは，インドラ神すなわち帝釈天の宮殿に掛かっている宝の網。華厳経においてインドラの網は，重々無尽に即入している関係を表すが，そのイメージは，次の引用に見るようにリフレクティングの特質を理解するうえでも示唆に富む。「インドラ網の網の目ごとに，宝珠をかけ，その宝珠が照らし出すところ，光明赫々として一大光明の世界が出現する。これを古来，鏡灯の比喩をもって説明している。多くの鏡がたがいに相照らすとき，多くの鏡に映った影が重々に織り成すような世界をいう」（鎌田・上山 1996: 165）。

> につく。③（もののけなどが）乗り移る。④伝染する。飛び火する。⑤居所がかわる。⑥代がかわる。⑦時がそのまま過ぎて行く。⑧（木の葉などが）落ちる。散る。⑨（花の色などが）かわる。あせる。⑩心が他の人に寄る。⑪よく似合う。ぴったりする。

すなわち，「うつし」とは，そのままを「写す」ことであり，何かのかたちを別所に「映す」ことであり，物事や時間，もののけなどを動かし「移す」ことである。さらに，同辞典によれば，「うつし」の「ウツ」は，「顕（うつし）」「現（うつつ）」の「ウツ」と同根であるとされる。形容詞である「うつし（現し・顕し）」の意味は，「①目に見えるように存在する。神の世界ではなく，この人間世界に生きている。②正気である。」ということであり，その用例には，現実に見えない神を，この世に見えて存在するように斎き祭ることを意味する「顕し斎ひ（うつしいわひ）」や，姿の見えない「神」に対して，この世の人の姿をして目に見える存在を意味する「現し臣（うつしおみ）」といった言葉が見られる。つまり，「うつし」という言葉の基層には，見えないものを見えるようにする現前のはたらきが存している。しかも，それは以下の美しい文章のなかで坂部が指摘するようにたんなる現前ではない。

> 〈うつつ〉は，たんなる〈現前〉ではなく，そのうちにすでに，死と生，不在と存在の〈移り〉行きをはらんでおり，目に見えぬもの，かたちなきものが，目に見え，かたちあるものに〈映る〉という幽明あいわたる境をその成立の場所としている。そこに〈移る〉という契機がはらまれている以上，〈うつつ〉は，また，時間的にみれば，たんなる〈現在〉ではなく，すでにないものたちと，いまだないものたち，来し方と行く末との関係の設定と，時間の諸構成契機の分割・分節をそのうちに含むものでもある（坂部 2009: 195）。

「目に見えぬもの，かたちなきもの」が何ものかに映し込まれるさまについては，本章の最初にルーマンによる鏡の隠喩として紹介した「二次的観察（観察の観察）」がただちに想起されるだろう。観察者にとって観察できないもの，

見るものにとってその目に見えぬものとは，見るもの自身が見るために必要とする盲点のことであった。そうした盲点は，他の何ものかに映し込まれること（観察を観察すること）によって，はじめて目に見え，かたちあるものとして観察されえる。すなわち，「うつし」における「映し」的側面とは，リフレクティングの本体としての《《観察すること／観察されること》／観察を観察すること》，いま少し言葉をくだくなら，《《みる／みられる》／みることをみる》であるといえよう。

　また，そこにはらまれている「〈移る〉という契機」が意味することは，空間的・時間的な分割・分節と，さらに，それによって分かたれたものをかかわらせることで立ち現われてくるようなものとしての現実の姿である。坂部は，上記の文章の後で「顕し事（うつしごと）」という言葉に触れ，出雲の国の造の神賀詞（いずものくにのみやつこのかむよごと）[19]の一節をその典型的な用例として紹介している。そこで示されているのは，「うつつ」の世界の背後にひかえた目に見えぬ世界が，「うつつ」の世界の上方（高天）と下方（荒ぶる国）とに二分され，その三層的構造の中間領域に「うつつ」の世界が位置するという神話的宇宙の結構である。魅惑的な古代日本の意味世界にこれ以上深入りすることは控えるが，少なくとも「うつつ」というものがたんなる目の前の現実ではなく，一方の混沌とした無秩序と，他方の高みの神の体系とをかかわらせ，前者を後者へと移り行かせることで構成されてくるものであることが理解できる。

　こうした異なる複数の次元の「〈移り〉行き」から生じるものとしての現実の様相は，ちょうど「純粋な垂直性の次元と単なる水平性の次元という二つの袋小路を乗り越えようとするひとつの次元」としてガタリによって提起された「斜め性」が具現化されていく分析的プロセスの場のようなものとして捉えられるだろう。それは異質な階層間の相互作用に焦点をおくヘテラルキー概念とも共鳴するものであった。すなわち，「うつし」における「移し」的側面とは，リフレクティングの様相としての《《垂直的関係／水平的関係》／ヘテラルキー的関係》，さらに言葉をくだくなら，《《たて／よこ》／ななめ》としてなぞられるものである。

---

19) 出雲の国の造が新任の際に天皇に対して奏上する寿詞。

さて、「映し」や「移し」に比べ、物や文字をそのままに「写す」ことには、変化や生成のイメージが乏しいかもしれない。しかし、伝統芸能などの技芸の習得や写経にみられるように、ひたすら手本を模し、なぞることは、ほとんどこの国の文化のあらゆる分野における基本作法といえるだろう。そして、多くの場合、手本を写すことを繰り返すなかで、ようやく手本に並ぶ域に達したとき、同時に手本から離れる自在さや個性が自ずと発揮されるようにもなる。日本文化を「かさねの作法」という視点から読みかえる藤原成一は、建築物や庭園、やきものや漆などの工芸品、和歌や物語といった文学作品においても、こうしたうつし、かさねが立派な表現として位置づけられていることを指摘している。

> うつすことで作品はダブルイメージを獲得します。庭園や建物をうつし、茶室をうつせば、新しい庭も建物も茶室も本家本もののイメージを吸収してダブルイメージをもちます。本歌取も小さな世界を多元化し、ダブルイメージとする技法です。うつすことはイメージをかさねることです。いいものに自分をかさねる。そっくりかさねたり、ずらしてかさねたり、ぼかしてかさねたりすることで、本家にあやかりつつ、本家との間におもしろい味も出てきます（藤原 2008: 188）。

すなわち、「写す」ことは既存のイメージにかさねることであり、かさねられたものは、もとのイメージに似たものではあるもののまったく同一物ではないがゆえに、そこに生じるずれがダブルイメージとして「二つでありながら一つ、一つでありながら二つを浮き上がらせる」（同: 188）ようなものとなる。そして、そうした揺らぎのなかに豊かな世界を浮かび上がらせることこそが、この国の文学、芸能、芸術一般に通底した「写し」の技法の作用にほかならない。

こうした日本文化における「写し」の技法の指摘は、さらに遡って民俗学者の折口信夫の議論にも見出すことができる。折口は日本における演芸の大きな要素をなすものとして、「もどき」役の意義を重視している。動詞の「もどき（擬き・牴牾き）」とは、岩波古語辞典によれば次のような意味を持つ。

> ①うまく真似できないながら，真似をする。似て非なる真似をする。②似て非だという様子を示す。相手を誹謗し，非難する。

しかし，折口は，こうした意味に加えて，「尠くとも，演芸史の上では，物まねする・説明する・代つて再説する・説き和げるなど言ふ義が，加はつて居る事が明らかです」（折口 1929: 529）と指摘する[20]。「翁の発生」と題するよく知られたテクストにおいて折口は，能楽における翁と，それに続く三番叟，神能との関係について，翁の芸を三番叟が翻訳し，さらに神能が説明するといった多層的な「もどき」の関係を読み取っているが，ここでも日本文化における「写し」が，たんなるコピーではなく，元のものとは似て非なるものを生み出す変化の動きとして，しかしまた，あくまでその元となるものが有している意味を新たな状況に合わせて説き和らげるような動きとして捉えられていることがわかる。

物語や歌や舞がかたり直され，うたい継がれ，もどかれていく時間的継起のなかで，それらの「写し」として生じたものが，そのもととなったものと分節化し，差異化されていくことは，もとの物語や歌や舞のイメージに寄りそいつつ，それらのイメージを揺るがし，また，自らのイメージをも揺るがすことである。それはリフレクティングの作用として見出された《《かたり／はなし》／ゆるひ》といううごきに重なるものだろう。

以上，この国の言葉に寄りそってリフレクティングの理論的特質を振り返り，なぞりなおしてみることで浮かび上がってくる「うつし（映し・移し・写し）」としてのリフレクティングのすがたを素描するならば，次の図のようなものとなる。すなわち，その本体・様相・作用において，映し・移し・写しのうごきをわれわれの生活の中に生じさせる方法としてのリフレクティングは，ある意味で新しく，ある意味で古くからわれわれの間に備わっている「うつしのわざ」

---

20) アリストテレスが『詩学』において論じたミメーシスが「模倣」とも「再現」とも訳され，人間の本性に根ざす詩作の原因として，(1) ミメーシスが子どものころから人間に備わった自然な傾向であること，(2) ミメーシスされたものを喜ぶことも人間に備わった自然な傾向であること，の二点が挙げられていることから，「もどき」や「写し」がより普遍的な人間の特質に基盤を有するふるまいであることも推察できる。

と捉えなおすことができるのである。今後，実践の場においていかなる翻案がなされていくにせよ，リフレクティングの特質の基底にこうした姿があることは，ときに想起されてよいだろう。

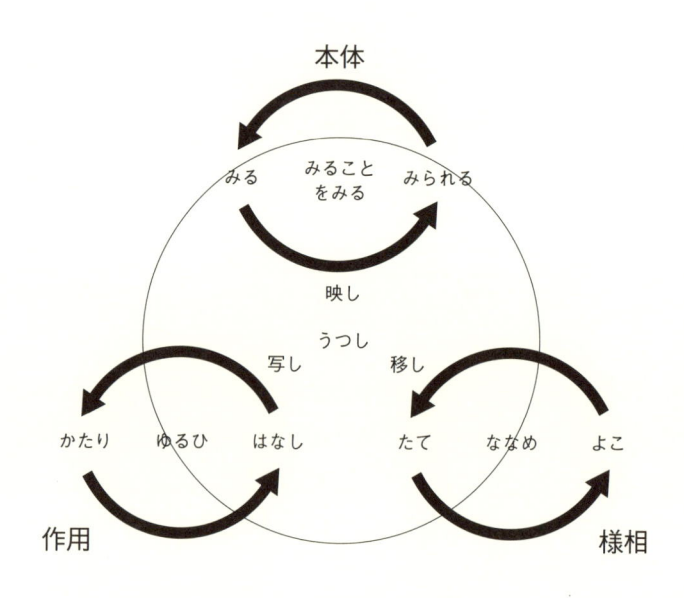

図3-5 「うつし」としてのリフレクティング

第2部
応用編
さまざまな領域のための
具体的プログラム

　第2部では，さまざまな領域において具体的な会話の方法としてリフレクティングを導入し，活用していく際の基本的なプログラムとその留意点，典型的な事例を紹介しています。ここで紹介する内容は，あくまで筆者自身による実践経験や，筆者が各地で見聞きしたことを踏まえた現時点における知見であって，もとより確立されたマニュアルを提示する意図はありません。当然，リフレクティングを用いて新たな会話，新たなコミュニケーションの場をデザインする方法がここに紹介されたものに尽きるわけでもありません。異なる文脈においては，その文脈にフィットした異なる工夫が，その場にかかわる人々によって丁寧に試みられるべきです。読者の皆さんは，自分自身がかかわる各々のフィールドにおいて独自の工夫をこらしながら新たなリフレクティング実践をおこなうためのヒント，あるいは，ひとつの足場としてこれらの章を活用してみてください。

4 スーパービジョンのためのプログラム

　すでに説明したように，リフレクティング・チーム形式の会話が誕生したのは，家族療法の実践場面でのことですが，その後，この形式は，家族療法家や心理臨床家，ソーシャルワーカー，医師，看護師など，さまざまな対人援助専門職におけるスーパービジョンやトレーニングの場面でも幅広く用いられるようになりました。こうした場面でのリフレクティング・チーム形式の活用には，さまざまな利点があることが確認されています。

　「スーパービジョン」と聞くと，あまり耳慣れない読者には，一部の専門職にしかかかわりのないことのように思われるかもしれません。しかし，対人援助などの専門職に限らず，また，スーパーバイザーという言葉を用いずとも，職場などの組織の先輩・上司として，後輩・部下を育て，導くことを求められる状況には，多くの人々が直面しているでしょう（組織によっては，そうした立場の先輩や上司などをメンター，プリセプター，あるいは，トレーナーなどと呼んでその役割を制度化している場合もあると思います）。そして，そうした役割を経験した方々の多くは，その役割を果たすことの難しさを実感しているはずです。リフレクティングを用いた新たなスーパービジョンの仕組みについて考えることは，そのような状況にかかわるすべての人々にとって一定の意義を有しています。では，こうした目的でリフレクティング・チーム形式の会話を活用することには，どのような利点が考えられるでしょうか。

1 スーパービジョンの意義と類型

まず,あらためてスーパービジョンとはどのようなものか確認しておきましょう。スーパービジョンは,原則としてスーパービジョンを受ける側である「スーパーバイジー」と,スーパービジョンを提供する側である「スーパーバイザー」によって構成されます。スーパーバイジーとは,業務の遂行上,上司や経験者の助言や指導,サポートを得たいと考えている人であり,部下,新人,実習生はもちろん,その分野においてすでに一定の経験を有する人の場合もあります。それに対して,スーパーバイザーとは,スタッフの力を活用し,育成していく責任を有する人であり,上司,先輩,指導者といった立場にある人がその役割をはたします。

わが国のスーパービジョン研究の第一人者である福山和女は,スーパービジョンについて,「上司やスーパーバイザーからスーパービジョンを受け,確認作業を通して支援されることで,自分が専門家として業務を遂行しているという意識化ができる。また職員としての意識化が図られ,より専門性の高い業務を行える」(福山 2005: 204) と述べています。一般に,そこには管理機能(「何をしたか」「何をしようとしているか」を確認することができる),教育機能(「何が不足しているか」を確認することができる),支持機能(「何を悩んでいるのか」を確認することができる)の三種類の機能が含まれるといわれています。対人援助の領域で働く人々にとって,専門性育成過程としてのスーパービジョンの大切さについては,あらためて確認するまでもないことでしょう。

また,福山らは,スーパービジョンの形態について次のように整理しています。

- 個人スーパービジョン:スーパーバイザーがスーパーバイジーと一対一で定期的に,またはスーパーバイジーの必要に応じておこなう確認作業の形態。
- グループスーパービジョン:一人のスーパーバイザーが複数のスーパーバイジーに対してスーパービジョンを実施する形態。グループのなかで一人のスーパーバイジーの業務課題を確認するが,その作業を通してスーパー

バイジー全員の専門性の向上につながる。
- ピアスーパービジョン：スーパーバイジー同士が互いに仲間（ピア）として同じ立場で確認作業をおこなう形態。スーパービジョン進行のリーダーシップをとることを参加メンバーに委ねる。
- セルフスーパービジョン：一人でおこなう確認作業。自己評価・点検の形をとる。
- ユニットスーパービジョン：一人のスーパーバイジーに対して複数のスーパーバイザーが同席する形態。スーパーバイザーグループが一人のスーパーバイジーの業務課題を確認するが，会議の形態でおこなわれるため，そのプロセスに参加している他のメンバーにとっても，自らの業務遂行の確認ができる。
- ライブスーパービジョン：利用者の面前でスーパービジョンを実施する形態。スーパーバイザーが実際に利用者に対して支援するという形でそのモデルを見せ，スーパーバイジーが学ぶ。

　では，こうした既存のスーパービジョンの諸形態と比較するとき，リフレクティング・チーム形式の会話にはどのような特徴が確認でき，どのように活用することができるでしょうか。
　ここで，これまで本書を丁寧に読み進めてきた読者のなかには，「そもそもリフレクティングは，従来のセラピストとクライアントとの一方向的な階層構造，すなわち，セラピーにおける固定化された上下関係から両者を解放するものとして誕生したのだから，スーパービジョンに見られるスーパーバイザーとスーパーバイジーとの明確な上下関係（それは組織における地位の上下関係，専門的知識・技術の多寡，実践経験年数の長短などにもとづく場合が多いでしょう）とは，対照的なものなのではないか」という実に正当な疑問が生じているかもしれません。
　たしかに，スーパーバイザー，スーパーバイジーといった名称を安易に用いることは，その上下関係を固定的に捉えてしまう危険性をはらんでいます（第2章で説明したように，面接者とイシュー提供者という呼び方でもよいでしょうし，たんに聞き手，話し手でもよいでしょう）。先に紹介したように，一口にスーパ

ービジョンといっても，その形態には多様なものがあり，ピアスーパービジョンやセルフスーパービジョンのように，必ずしも明確な上下関係を含まないものもありますが，大切なことは，リフレクティングの特質のひとつであるヘテラルキー的関係の考え方をつねに意識して取り組むことといえるでしょう。

　ここでは，あくまで便宜上，従来のスーパービジョンと比較しやすいように既存の用語を用いて説明していきます。お伝えしたいことは，いずれの形態のスーパービジョンであれ，そこにリフレクティング・チーム形式の会話を組み込むことで，従来のスーパービジョンに新たな回路を創出し，参加者間のより柔軟な関係の可能性を拓きつつ，その効果を広く，深くすることができるということです。

2 リフレクティング応用の仕組みと手順

● 2-1　仕組み

　まず，スーパービジョンの基本形態である個人スーパービジョンにリフレクティング・チーム形式の会話を組み込む方法を紹介しましょう。スーパーバイザーとスーパーバイジーが一対一でおこなう個人スーパービジョンにリフレクティング・チームをプラスすることで，コミュニケーションの基本構造は図4-1のようになります。第2章で紹介したリフレクティング・チーム形式の会話の基本構成における面接システムの部分に個人スーパービジョンが位置づけられていると考えるとイメージしやすいでしょう。

　リフレクティング・チームの人数は，やはり2名以上が望ましいですが，人数がかなり多くなる場合には，リフレクティング・チームを複数つくるデザイン[1]も考えられます。ただし，それは応用編ですので，まずは基本的な形式での手順を見ていきましょう。

---

1) リフレクティング・チームを二つ設定し，そのそれぞれに異なる役割を担わせる「ツイン・リフレクティング・プロセス」という方法が，三澤文紀によって提唱されています。その具体的な方法と効果については，三澤（2008b）を参照。

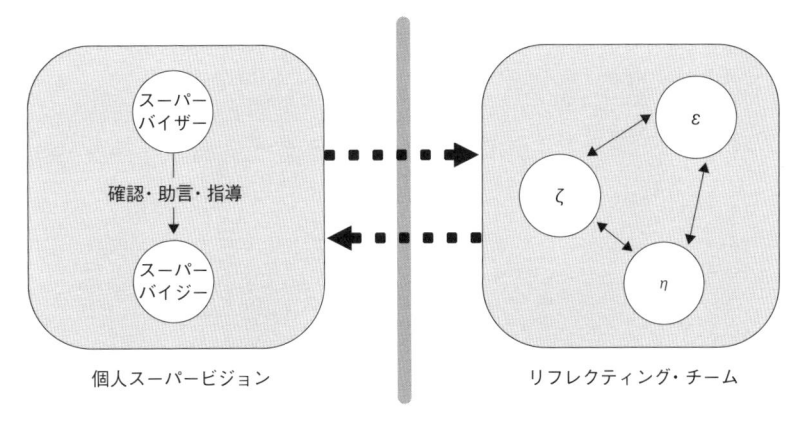

図4-1　個人スーパービジョン＋リフレクティング・チーム

● 2-2　基本手順

⓪**事前準備**　リフレクティング・チーム形式での会話に入る以前に，最初の段階でスーパーバイジーに対して，この時間をどのように使いたいと思うか尋ねる。また，リフレクティング・チーム形式を望むかどうかという確認もおこなう。リフレクティング・チーム形式を望んだ場合には，チームのメンバーを含む全員が面接室で顔合わせをおこなう。リフレクティング・チーム形式での会話の経験がない，あるいは，少ない参加者がいる場合には，基本的な会話の作法や手順についても説明する機会を設ける。その後，リフレクティング・チームは，ワンウェイ・ミラーの背後，あるいは，少し離れたところに着席して，会話がスタートする。参加者がリフレクティング・チーム形式での会話に慣れていない場合，ワンウェイ・ミラーを用いない環境では，互いのグループのコミュニケーションが言語的および非言語的に交錯しがちなので，机と椅子の向きに気をつけ，二つのグループの間にコミュニケーションの境界を明示するものを配置するなど，会場設定の方法に工夫する。

①**スーパービジョンのセッション1**　スーパーバイザーは，リフレクティング・チームから独立した形でスーパーバイジーと個人スーパービジョンをおこない，その会話にリフレクティング・チームがワンウェイ・ミラーの背後，あるいは，少し離れたところから静かに耳を傾ける。スーパーバイザーは，リフレクティングにおける会話の作法に留意し，一方的に批判したり，指示した

りせずに，スーパーバイジーの直面している現状を丁寧に聞いていく。

②**リフレクティング・チームからのアイデア提示の打診**　都合の良い時点でリフレクティング・チームからいくつかアイデアについて話す準備があることが伝えられる。セッションの転換のタイミングは，スーパーバイザーが進行役として会話の様子をながめながら判断することもできるし，スーパーバイザーの他に全体の会話の流れを見守る進行役を設定して，その進行役が判断することもできる。

③**リフレクティング・チームのセッション１**　リフレクティング・チームがその観察において生じたアイデアについて会話し，スーパーバイザーとスーパーバイジーは，そのやりとりに耳を傾ける。リフレクティング・チームのメンバーは，リフレクティングにおける会話の作法に留意し，断定的な話し方，否定的な話し方は避ける。

④**スーパービジョンのセッション２**　リフレクティング・チームによる会話を踏まえて，再びスーパーバイザーとスーパーバイジーが会話し，リフレクティング・チームは，そのやりとりに耳を傾ける。

⑤以上のプロセスを２回程度（スーパービジョンのセッション３程度まで）反復する。

⑥最後は，必ずスーパービジョン側のセッションで終わる。

　個人スーパービジョンにリフレクティング・チームをプラスすることは，構成メンバーだけに注目すると，一見，変形的なグループスーパービジョンやユニットスーパービジョンのように見えるかもしれません。しかし，こうしてその仕組みとプロセスを確認するならば，リフレクティング・チーム形式の会話を組み込んだスーパービジョンが，既存のスーパービジョンの形態にはない独自の機能を有していることが明らかでしょう。また，ここで紹介した仕組みと基本手順を踏まえて，ピアスーパービジョンやライブスーパービジョンへのリフレクティングの応用に取り組むことも可能です。

● **2-3　利　点**

　個人スーパービジョンにリフレクティング・チームをプラスすることの利点

としては，大まかに次のようなことが挙げられます．

- スーパーバイザーは，一対一の個人スーパービジョンに比べ，スーパーバイザー個人の高度な知識や経験，能力などに依拠せずとも，リフレクティング・チームのメンバーたちの支援を受けつつ，協働してスーパービジョンに取り組むことができる．
- スーパーバイジーは，通常の個人スーパービジョンとは異なり，リフレクティング・チームがアイデアを提示している間，リラックスした状態で自由にそれらのアイデアを聞きながら，内的会話に集中することができる．
- リフレクティング・チームの存在により，個人スーパービジョンにおいて顕在化しやすいスーパーバイジーとスーパーバイザー間の相性によって生じる問題が低減される．
- リフレクティング・チームとして参加する人々にとっても，スーパービジョンのプロセスに関する貴重な学びの機会となる．

つまり，身近に高度な知識や経験を有したスーパーバイザーが得られない，あるいは，スーパービジョンの仕組み自体が十分に普及していない職場や組織においても，リフレクティング・チーム形式を活用することで，参加者全体が相互に学び合い，支え合って成長していくことができるわけです．このことは，スーパービジョンの重要性が指摘される一方で，職場などにおけるスーパーバイザーの不足のために実際にそれに取り組めていない多くの現場（福祉，心理，医療，教育をはじめとする多岐にわたる分野）を抱えている現在のわが国にとって，大きな意義を有するでしょう．

また，たんにスーパーバイザー不足を想定するのであれば，従来のグループスーパービジョンやピアスーパービジョンという選択肢も考えられるかもしれませんが，リフレクティング・チーム形式を活用したスーパービジョンには，それらと比べても次のような利点を見出すことができます．

- 通常のグループスーパービジョンにおいては，あくまでスーパーバイザー役は一人であるため，個人スーパービジョンと同様に，スーパーバイザー個人

の高度な知識や経験，能力などに依拠するが，リフレクティング・チーム形式を活用する場合，リフレクティング・チームのメンバーたちがスーパーバイザーの視点を補完したり，異なる観点を示唆したりすることができる。
- 通常のピアスーパービジョンにおいては，スーパーバイザーが不在であることによる自由度の高さが逆機能として働き，偏った見方に全員が流されてしまったり，参加者間で感情的な衝突が生じてしまったりする恐れもあるが，リフレクティング・チーム形式を活用する場合，二つのグループに分かれて会話を進めていくコミュニケーションの構造や，唯一の正解を競わないという会話のルールにより，一つの意見に全体が流されにくい。また，参加者個々人が内的会話を進める機会を確保できることにより，感情的にならずに落ち着いたペースで会話を進めることができる。

もちろん，すでに一定の力量を備えたスーパーバイザーがいる組織においても，リフレクティング・チーム形式の活用は有効です。経験豊かなスーパーバイザーにとっても，リフレクティング・チームから，いわば「スーパービジョンのスーパービジョン」を受けることのできるこの形式は，貴重な気づきの機会としてとても有意義なものになりますし，先にも述べたように，リフレクティング・チームとして参加する参加者たちにとっては，スーパービジョンのプロセスに関する貴重な学びの機会となり，次の世代のスーパーバイザーを育成するための有効なトレーニングになります。

3 具体例

では，スーパービジョンにおいてリフレクティング・チーム形式を活用した会話の例を見てみましょう。筆者は，2008年より広島県内の精神保健福祉士（ソーシャルワーカー）らとともに，主に精神保健福祉領域でのリフレクティングの活用可能性に焦点をおいた研究会を月1回程度のペースで開催し，そのなかで時折リフレクティング・チーム形式のスーパービジョンを試みています[2]。実施場所は，筆者の所属する大学の演習室で，ワンウェイ・ミラーやマイク，ビデオカメラなどを活用できる環境です。以下に紹介する例は，そこでの会話を

ベースに内容を抜粋し，適宜改変したものです。

● 3-1　背景とイシューの概要

Aさんは，地域の精神科病院で仕事を始めてまだ半年余りの新人ソーシャルワーカーです。彼女の勤める病院では，ソーシャルワーカー自体の人数が少なく，経験年数も比較的短い同僚ばかりであったため，職場内でスーパービジョン体制を構築するのは難しい状況でした。職場の同僚たちとリフレクティング・プロセスの研究会に参加するなかで，自分が担当する通院者Bさんへの対応について気になっていることを話したいとの申し出があり，そのイシューについて話すことに賛同した同僚らを交えて，リフレクティング・チーム形式の会話をおこなうことになりました。スーパーバイザー役は，同じ職場の先輩Cさん，リフレクティング・チームには，同じ職場の直接の上司であるDさん，Aさんと同期のEさんに加えて，筆者（F）も参加しました。

Aさんによれば，最近，精神科病院を退院して通院中のBさんが地域で暮らしていくにあたり，生活費の使い方や日常生活全般について適宜相談にのっていたものの，そこでの援助関係につらさを感じ，今後どのようにかかわっていけばよいのか困惑しているとのことでした。

● 3-2　会話の流れ

（1）スーパービジョンのセッション1

A「Bさんのことなんですけど，やっぱり私との距離が近いというか……。現在，お金のことを私が管理しているせいもあるのかもしれないんですが，しょっちゅう電話がかかってきて困っています。直接面談した際にも，医療費のことや食事代のことなど一通り説明したんですが，家を直したいとか，テレビの調子が悪いとか，いろいろなことでお金の相談があって，なのに，ほかの生活関係のことについては聞いても流されてしまうし」。

前ページ2）この研究会での取り組みについては，光岡ら（2011）を参照。この研究会では，スーパービジョンだけでなく，職種間連携や多機関間連携，利用者を交えた対話のワークなどにおいてもリフレクティング・トークが活用できることを，試行錯誤しつつ継続的に検討しています。

C「ほかの生活関係っていうのは、たとえば？」
A「服薬のことや、喫煙のことや、パチンコのことなんかですかね。薬はちゃんと飲んでいると言うし、パチンコにはもう行っていないと言われます。本当は行っているみたいなんですが、私があんまりBさんから信頼されていないんでしょうか？」
C「うーん。そういった面談をしているときのBさんの様子は、どんな感じですか？」
A「お金のことが認められないと、だんだん暗くなっていきますね。お金については、少しでも自覚をもって使ってもらおうと、医療費を含めてお渡しして、自分で払っていただいたりしていますが、なかなか難しいようです」。
C「いろいろ苦心しているんですね。ただ、私がかかわった際の印象では、Bさんはふだん明るい方のような気がしますが、お金以外のことや何気ない日常会話から話し始めても、やはり暗くなるんでしょうか」。
A「話題がどうしてもお金の方に流れてしまいがちですからね。私の方も、お金を管理している責任上、いろいろ細かく言ってしまいます。つい強い口調になってしまうこともあって、それで雰囲気が悪くなってしまう」。
C「ついそうなってしまう気持ちはよくわかります。生活費の管理がうまくできない患者さんも多いですからね。ただ、面談室での二人の会話を聞いていると、お金の話題に集中して少し悪循環になっているのかもしれないという気もしました」。
(Bさんの生活費の使い方の詳細に関する会話)
C「では、リフレクティング・チームの皆さんの意見も聞いてみましょうか」。
A「はい」。

(2) リフレクティング・チームのセッション1
F「AさんがBさんのことをとても細かくサポートされていることがわかりましたね。ただ、とくにお金の管理についてAさん自身がしんどさを感じているとのことでした。Cさんも、BさんとAさんの様子をよく観察していて、Aさんのしんどさを丁寧に受けとめながら、気づきを促していましたね。お二人もふだん一緒に仕事をなさっていますから、いろいろ感じられ

たことがあるのではないですか？」
D「はい。こういうことって，よくあるといえばあるんですが，Aさんがそれを困ったことと捉えているのが印象的でした。Aさん自身が話していたように『距離が近い』ということが影響しているのかもしれませんね」。
F「近いというのは，いったいどんな感じなんでしょうね」。
D「何とかしようと頑張るからこそ，コントロールしたい方に動いてくれないと焦りを感じてしまうということがあるような気がします。このBさんという方は，以前からお金を借りては，すぐに使い切ってしまって，というのをずっと繰り返してきた方なので，いきなりそれをすべてコントロールしようとすると，やはりきついのかもしれない」。
F「Eさんは，いかがでしょうか？」
E「なんというか，AさんがBさんの金銭面に目が行ってしまいがちなぶん，Bさんの方も余計にそうなってしまっているのではないかな，と。他の話題について笑顔で話したりしてみるのもよいのではないか，という気がします」。
D「BさんとAさんの関係について感じたんですが，雰囲気的にお母さんと子どものようになってしまっているのかもしれませんね。Bさんがそれを引き出すのが上手でもあるのでしょうが……」。
F「なるほど」。
E「あの，そもそもBさんの金銭管理については，Bさんが退院する際に病棟の方から急にAさんに担当を振られたということも問題だったのではないかと思うんです」。
D「うーん。Aさんはまだ新人ということもあって，病棟からの直接の依頼に，自分が頑張らないといけないと一人で抱え込んでしまっていたのが，今回のしんどさにつながっているのかもしれません。向こうの部署の責任者には，その件で私からも話をしたのですが」。
F「そうすると，Bさんとのかかわりの問題と，職場での仕事の受け方という二つのしんどさにAさんは直面しているのかもしれませんね。まだ一年目なのに，ずいぶん頑張っていますよね。ところで，今回の仕事の振られ方がもう少し組織的に適切な形だったとしたら，どんなふうだったんでしょ

うか?」
(病院内での適切な仕事の流れの具体例に関する会話)

(3) スーパービジョンのセッション2
C「リフレクティング・チームの話を聞いてみてどうでしたか?」
A「お金の話題以外のことを普通に話すというのは, できていなかったですね。Bさんも私に話すときは, お金のことが頭にあるので暗い感じになりがちですし, 私の方も, つい。それから, 病棟からの仕事の受け方については, あー, そんなふうになっていなければ, どうなっていたんだろうとすごく思いました」。
C「うん。私も同じような状況を経験したことがありますが, その時は, 皆に頼ろうと考えていて, 皆がバックアップしてくれたので, 何とか対応できたのを思い出しました。個人としてではなく, 部署として仕事を受けているわけですから」。
A「自分からみんなに相談するというのがうまくできていなかったんですよね。Dさんが陰でフォローしてくださっていたことにもあらためて気づきました。ですから, なおさら早い段階で部署に持ち帰って相談すべきだったな, と」。
C「そうですね。それはAさん自身にとっても, 部署のみんなにとっても, よいことでしょうね。あとは何か思いついたことがありますか?」
(Bさんについてその他に気になっていることに関する会話)

(4) リフレクティング・チームのセッション2
F「あらためてAさんの真面目さ, 仕事への真摯な姿勢が伝わってきた気がしますね。一方で, 真剣に向き合おうとするほど, 相手がそれに応じてくれないことに焦りを感じることもあるのかもしれませんし, さらに, 自分が何とかしないと, となったり」。
E「私もまだ経験が浅いので, 自分でいろいろ抱え込んでしまって, しんどくなる時があります。以前, 皆に話して, すごく楽になったことがあって, それからは自分で溜めすぎないように心がけています」。

D「そういえば，Aさんからも時々質問されることがあったのですが，私にどこまでを聞いていいのかわからずに戸惑っていたのかもしれないと，今あらためて気づかされました。仕事柄，ふだんのコミュニケーションのなかで，仕事の相談とそれ以外の話というのが分け難いのですが。それに，職場での精神保健福祉士の業務自体，他部署との境界が見えにくいこともあります。考えてみると，Aさんがまだ慣れないなかで，私自身そういうことを話せる機会をつくれていなかったのかな，と」。

(職場でのコミュニケーションのあり方や精神保健福祉士の業務の範囲に関する会話)

(5) スーパービジョンのセッション3
A「Bさんのことについて自分の責任で何とかしないといけないと焦っていたのですが，同じ部署の皆さんに相談しながら取り組んでいけばよいということがわかりました。情報の共有の仕方についても，少しイメージができた気がします」。
C「そうですね。頑張ろうとしていたぶん，Bさんに対しても，職場の仲間や先輩に対しても，少し構えていた部分があったのかもしれませんね」。
A「はい。今回，自分のコミュニケーションの癖のようなものにも気づけたので，よい機会になりました。精神保健福祉士として一歩成長できたかもしれません（笑）」。

● 3-3 振り返り

　最初の会話（スーパービジョンのセッション1）では，新人ソーシャルワーカーとしてのAさんが感じるBさんへの援助関係のしんどさ，とりわけ生活費の管理に焦点がおかれ，スーパーバイザー役のCさんも，共感や支持を示しながら，基本的にはその相談に乗るかたちで会話が進んでいることがわかります。Cさんは，AさんのBさんへのかかわり方についても示唆していますが，Aさん自身の意識は，Bさんの生活費に関する問題にとらわれていました。リフレクティング・チームのセッション1では，Aさんへの支持的姿勢を基本にしつつ，Bさんの生活費の問題を「困ったこと」と捉えているAさん自身の

意識のもち方や，他部署からの仕事の振られ方など，最初の会話では見えていなかった新たな視点や，より広い文脈が提示されていきました。スーパービジョンのセッション 2 では，リフレクティング・チームから提示された新たな視点の一部を足掛かりとして，A さん自身がお金の問題にとらわれていたことや，仕事の受け方を巡る振り返りが進展していきます。C さんも，自分の経験を示しながら，ともに振り返りを深めています。リフレクティング・チームのセッション 2 では，そうした様子を踏まえて，A さんと同期の E さんからも自身の経験が語られ，A さんの直接の上司にあたる D さんからは，仕事のなかで新人職員とのコミュニケーションの機会の必要性への気づきが述べられていきます。全体を通して，A さんはもちろん，スーパーバイザー役やリフレクティング・チーム役の人々にとっても，具体的な職員間の連携の必要性やソーシャルワーカー業務の特徴についての気づきが徐々に深まっていることがわかるでしょう。こうした視点の広がり，多様な文脈からのヒントが相互促進的に参加者全員の気づきを促していく点にリフレクティング・チーム形式を用いたスーパービジョンの特徴が見てとれます。

プラスワンポイント［観察焦点のバリエーション］

いうまでもないことですが，リフレクティング・チームを配置しさえすれば，素晴らしい成果が得られるというわけではありません。リフレクティング・チームのメンバーが，そこでの会話の文脈や，自分たちの役割について明確に認識して，その場にフィットした会話をおこなわないならば，支援や協働からはかけ離れた，むしろ，せっかくのスーパービジョンを撹乱したり，妨害したりするようなことにもなりかねないでしょう。

スーパーバイジーやスーパーバイザー，および，リフレクティング・チームに参加する人々がリフレクティング・チーム形式でスーパービジョンをおこなうことの目的や意義を十分に理解しておくことが大前提であることはもちろんですが，効果的な実践という観点から大切なのが，リフレクティング・チームがその観察の焦点をどこにおいて会話をおこなうのか，ということです。その点がずれていたり，曖昧であったりすると，リフレクティングの効果が期待外れになりやすいので，ここで簡単に観察焦点のバリエーションを紹介しておきましょう。

筆者自身のこれまでの経験を踏まえると，個人スーパービジョンを観察するリフレクティング・チームには，そこで期待される役割に応じて，大きく分けて三つの観察焦点のバリエーションがあります。

一つめは，リフレクティング・チームがスーパーバイジーに観察焦点をおくパターン（バイジー焦点化パターン）です。このとき，リフレクティング・チームの役割は，スーパーバイジーをサポートすることです。スーパーバイジーが現在

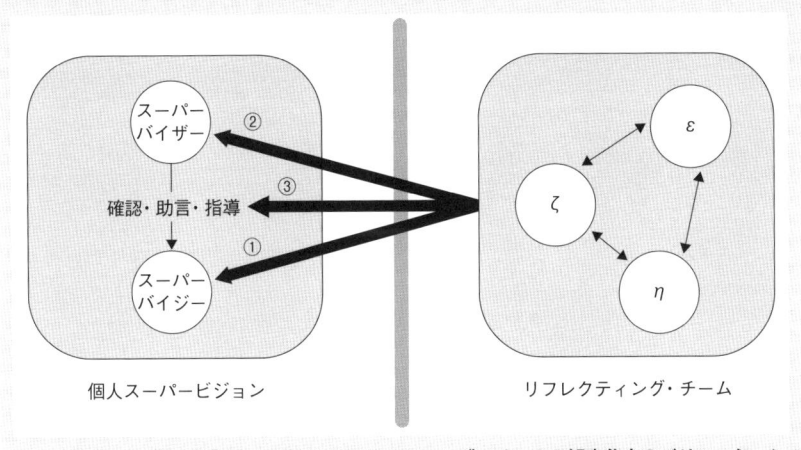

図1　個人スーパービジョンに対するリフレクティング・チームの観察焦点のバリエーション

直面している課題について，共感的に理解しつつ，スーパーバイジーがどのような視点や考え方にとらわれているのかを観察し，リフレクティング・チームの会話においてスーパーバイジーの視点をより自由にするような，別の視点や考え方の可能性を示唆することになります。スーパーバイジーにとって，リフレクティング・チームからのコメントは，スーパーバイザーからの助言に加えてさらに多様な視点を獲得する機会になるでしょう。

二つめは，リフレクティング・チームがスーパーバイザーに観察焦点をおくパターン（**バイザー焦点化パターン**）です。このとき，リフレクティング・チームの役割は，スーパーバイザーをサポートすることです。スーパーバイザーがより安心してスーパービジョンを進められるように，スーパーバイザーへの肯定的評価をベースとしつつ，さらに有効な助言や指導をおこなうのに役立つ示唆を提供するための会話をリフレクティング・チームがおこないます。特にスーパーバイザーとしての経験がまだ比較的少ないスーパーバイザーにとっては，リフレクティング・チームの会話が心強い支えになるでしょう。

三つめは，リフレクティング・チームがスーパーバイザーとスーパーバイジーとのコミュニケーションに観察焦点をおくパターン（**コミュニケーション焦点化パターン**）です。このとき，リフレクティング・チームの役割は，スーパーバイザーとスーパーバイジーとの会話を促進することです。スーパービジョンにおいて交わされた会話を尊重しつつ，そこでまだ十分に話されていないこと，会話のなかで素通りされてしまったことばや，見落とされている視点などを，より広い文脈から捉えなおし，提示していきます。リフレクティングならではの二次的観察の効果が発揮されることで，スーパービジョンが一段の深まりをもつことになるでしょう。

以上の三つのバリエーションは，ごく大まかな区別であり，実際にはさらに詳細な観察がなされます。特定の目的に焦点を絞っていずれかのパターンに重点をおいて取り組むこともできるし，一度のリフレクティングにおいて三つの焦点化パターンを行きつ戻りつしながら進めていくこともあるでしょう。大切なことは，その文脈に相応しい観察と会話がなされているかどうか，リフレクティング・チームのメンバーが気をつけながら，注意深く会話を進めていくことです。

5 事例検討のための プログラム

　事例検討は，福祉職，医療職，心理職，教育職など，幅広く対人援助の仕事に携わっている人々はもちろん，ボランティアとしてそうした活動にかかわっている人々にとっても馴染み深いものでしょう。事例検討，ケース会議，ケースカンファレンス，ケア会議，ケアカンファレンスなど，領域や組織，職場によってその呼び方はさまざまでしょうし，具体的な話し合いの進め方にも多様なものが見られますが，援助場面で直面した具体的事例への理解を深めるなかで，より望ましい実践のあり方を探究していくという点は共通しているといえます。また，対人援助の仕事ばかりでなく，企業などの組織においても，現実に直面した事例から学び，現状の改善に取り組んでいくのは，さまざまな仕事の基本でしょう。では，そうした話し合いの場でリフレクティング・チーム形式の会話は，どのように活用できるでしょうか。

1　事例検討の意義と基本構成

　まず，あらためて事例検討とはどのようなことか確認しておきましょう。先にも述べたように，一般に事例検討は，実践場面で直面した具体的事例への理解を深めるなかで，より望ましい実践のあり方を探究するためにおこなうものです。もう少し詳しく見ると，そこには，①検討事例における問題の解決のため，②参加者の教育・学習のため，③事例研究へと展開して一定の普遍的知見（理論やモデル）を構成するため，といった意義を見出すことができます。
　一つめに挙げた「検討事例における問題の解決のため」というのは比較的わ

かりやすいでしょうが，二つめの「参加者の教育・学習のため」に事例検討をおこなうという場合，前章で見たスーパービジョンと事例検討との違いがわかりづらいかもしれません。実際，スーパービジョンの要素を取り入れた事例検討の進め方を紹介している入門書[1]も散見されます。たとえば，ソーシャルワーク研究者の岩間伸之は，「ケースカンファレンスにスーパーバイザー（助言者）が参加している場合は，事例提供者及び参加者とスーパーバイザーとの間にスーパービジョン関係が結ばれ，そこでの助言そのものがスーパービジョンとなる」（岩間 2005: 41）と述べています。このように一つの実践が複数の機能を有すること自体はごく自然なことですが，あえてわかりやすく整理するならば，スーパービジョンにおいては，その焦点がスーパーバイジーに対する支援におかれているのに対して，事例検討は，第一義的には，事例そのものに対する理解を深めることに焦点をおくものであると考えられるでしょう。

また，三つめの意義として挙げた事例研究と事例検討との関係も，両者の関連が深いため，ときに混同されがちです。ここでも，あえて整理するならば，事例検討が目の前の事例の個別的・具体的な次元に焦点をおくのに対して，事例研究はあくまで「研究」として事例を通して見出される一定の抽象的・普遍的知見（理論やモデル）の構成に焦点をおくことにひとまず留意すべきでしょう。

事例検討会を実施する場合，細部に関しては，それが実施される領域や，実施時の目標，用いられる手法ごとにかなり差異がありますが，基本的な展開過程は次のようなものです。

> ①事例提供者による事例の提示
> ②事例について明確化するための参加者からの質問と応答
> ③事例における論点の焦点化
> ④参加者による事例の検討，深化
> ⑤まとめ

---

1) たとえば，グループスーパービジョンの要素を取り入れた事例検討会の方法については，渡部（2007）を参照。

事例検討会を構成するメンバーとしては，①事例提供者，②司会進行役，③事例検討する参加者，が不可欠ですが，場合によっては，④スーパーバイザー，⑤事務局，⑥オブザーバー，⑦記録者，などが含まれる場合もあります。

それでは，事例検討会をおこなううえで，リフレクティング・チーム形式の会話がどのように活用可能か見ていきましょう。

2 リフレクティング応用の仕組みと手順

● 2-1 仕組み

基本的な事例検討会にリフレクティング・チーム形式を導入することで，コミュニケーションの基本構造は図5-1のようになります。第2章で紹介したリフレクティング・チーム形式の会話の基本構成における面接システムの部分に事例提供者と面接者が，リフレクティング・チームの部分に事例検討会をおこなう参加者が位置づけられていると考えるとイメージしやすいでしょう。

事例検討会は，参加人数が少人数の場合もあれば，十数名，あるいはもっと大勢が参加する場で取り組まれることもあります。参加人数がかなり多い場合，時間的な制約や大勢の前で発言することへの抵抗などから，リフレクティング・チームにおいて全員が会話に参加するのが難しくなってしまい，せっかくのリフレクティングの効果が限定的なものになってしまうことも予想されます。その場合，一つの工夫として，リフレクティング・チームを複数構成するデザインが考えられるでしょう。

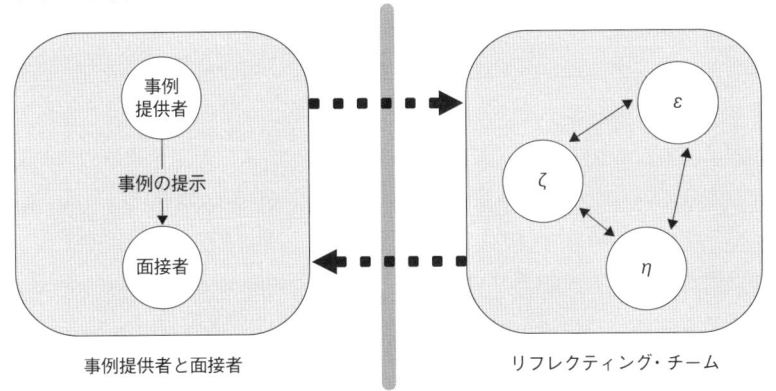

図5-1 リフレクティング・チーム形式を用いた事例検討会

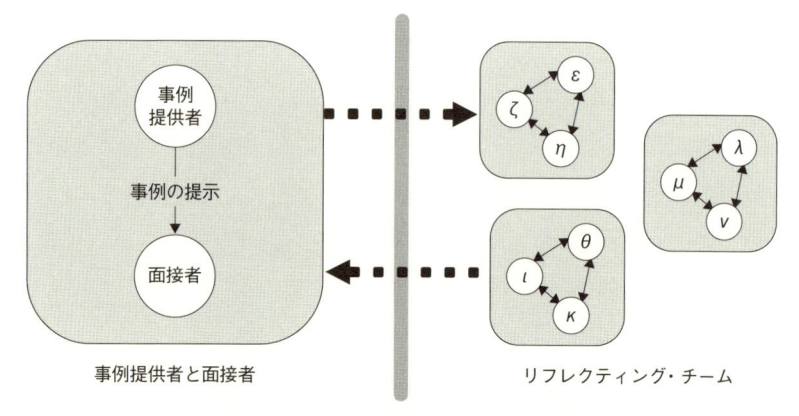

図5-2 リフレクティング・チーム形式を用いた事例検討会（複数チームバージョン）

リフレクティング・チームを複数構成する場合，それぞれのリフレクティング・チームにどのような役割を担わせるのかということをあらかじめ明確にしておくことが必要です。複数のリフレクティング・チームを用いた事例検討会の方法については，その一例（アズ・イフというユニークな方法）を後ほど紹介しますので，以下では，まず，リフレクティング・チームが一つの場合の基本手順を見ていきましょう。

● 2-2　基本手順

⓪事前準備　　事例検討において事例提供役を希望する者は，事前に自分のかかわった事例について説明できるよう当該事例に関する記録などを確認しておく。この準備を通して，事例提供者は，当該事例のどのような点について検討したいのか，自分のなかで問いなおしておく。

当日の会場では，まず参加者全員が顔合わせをおこない，互いに安心して事例検討に臨めるような雰囲気づくりを心がける。リフレクティング・チーム形式での会話の経験がない，あるいは，少ない参加者がいる場合には，基本的な会話の作法や，手順について，リフレクティングの経験を有する面接者あるいは進行役が説明する。

面接者は，はじめに事例提供者がどのような思いで事例検討を希望しているのか尋ね，リフレクティング・チーム形式を望むのか，別の方法を望むのか

という確認もおこなう。リフレクティング・チーム形式が希望された場合，リフレクティング・チームは，ワンウェイ・ミラーの背後，あるいは，少し離れたところに着席して，会話がスタートする。参加者がリフレクティング・チーム形式での会話に慣れていない場合，ワンウェイ・ミラーを用いない環境では，互いのグループのコミュニケーションが言語的および非言語的に交錯しがちなので，机と椅子の向きに気をつけ，二つのグループの間にコミュニケーションの境界を明示するものを配置するなど，会場設定の方法に工夫する。

①事例提供者と面接者のセッション1（事例の提示）　事例提供者は，面接者に対して準備した事例について説明をおこなう。最初にその事例の概略とその事例を選んだ理由を述べると，背景を共有していない参加者にも伝わりやすい。面接者は，事例提供者による説明に応答しながら，必要と思われる基本的情報の確認や事例の要点の整理などをおこない，事例提供者による説明をサポートする。必要に応じて，記録者を配置してホワイトボードなどに事例の要点や，関係者の相関図を書き出すといった工夫もできる。リフレクティング・チームは，ワンウェイ・ミラーの背後，あるいは，少し離れたところから静かに耳を傾ける。

②リフレクティング・チームからのアイデア提示の打診　都合のよい時点でリフレクティング・チームからいくつかアイデアについて話す準備があることが伝えられる。セッションの転換のタイミングは，面接者が進行役として会話の様子をながめながら判断することもできるし，面接者の他に事例検討会全体の会話の流れを見守る進行役を設定して，その進行役が判断することもできる。

③リフレクティング・チームのセッション1　リフレクティング・チームがその観察において生じたアイデアについて会話し，事例提供者と面接者は，そのやりとりに耳を傾ける。リフレクティング・チームのメンバーは，リフレクティングにおける会話の作法に留意し，断定的な話し方，否定的な話し方は避ける。この時，事例提示の際と同様に，記録者を配置して，リフレクティング・チームから提示されたアイデアをホワイトボードなどに書き出すという工夫もできる。

④事例提供者と面接者のセッション2　リフレクティング・チームによる会話を踏まえて，再び事例提供者と面接者が会話し，リフレクティング・チー

ムは，そのやりとりに耳を傾ける。事例提供者は，リフレクティング・チームの会話を聞いている間に気がついたことや思いついたアイデアを話し，面接者は，それに応答する。

⑤必要であれば，再度リフレクティング・チームのセッションをおこなう。
⑥最後は，必ず事例提供者と面接者のセッションで終わる。

● 2-3 利　点

事例検討会をリフレクティング・チーム形式でおこなうことの利点としては，大まかに次のようなことが挙げられます。

- 事例提供者は，通常の事例検討会を実施する際に事例提供者が感じるプレッシャーや不安（「大勢の前できちんと事例報告ができるだろうか？」「自分の実践内容を厳しく批判されるのではないか？」「自分の知識不足や経験不足が明らかになってしまうのではないか？」といった心配）をあまり感じることなく，面接者との会話形式で安心して取り組むことができる。
- 事例提供者は，通常の事例検討会の場合と異なり，リフレクティング・チームがアイデアを提示している間，リラックスした状態で自由にそれらのアイデアを聞きながら，内的会話に集中することができる。
- 面接者は，通常の事例検討会のように参加者全体の様子や司会進行にまで注意を分散させることなく，事例提供者の話に集中して耳を傾けることができる。
- リフレクティング・チームとして参加する人々は，基本的には全員が発言の機会を持つので，より主体的に事例検討に関与することができる。
- リフレクティング・チームとして参加する人々にとって，事例提供者がいかにして事例に関する理解や気づきを深めていくのか，また，その際に有効な問いかけ方とはどのようなものであるのか，といった事例検討のプロセスに関する貴重な学びの機会となる。
- すべての参加者にとって，唯一の正解を競うようなプレッシャーがなく，多様な視点からの声を共有し，それぞれの立場での気づきを深めることができる。

つまり，事例提供者にとっても，面接者にとっても，それ以外の事例検討会参加者にとっても，リフレクティング・チーム形式を活用することで，より安心でき，また，その効果が広く深い事例検討に取り組むことができるわけです。とりわけ，面接者との対話を進める形で事例の紹介や検討が進められることは，大勢を前にしたモノローグ的な発表形式に比べ，事例提供者の負担感が軽減され，事例検討会の実質的な活性化につながるでしょう。

3 具体例

では，事例検討においてリフレクティング・チーム形式を活用した会話の例を見てみましょう。筆者は，2003年より広島県東部で活動している子ども専用電話相談「チャイルドラインびんご」のアドバイザーとして，電話相談ボランティアのケアと学びの仕組みについて，ボランティアの方々と一緒に考えてきました。そのなかで，あくまで専門家ではない電話相談ボランティア同士が互いに支え合い，気づきを共有しつつ，事例に関する理解を深めるための方法として，定期的にリフレクティング・チーム形式の事例検討会を実施しています[2]。実施場所は，公共の貸会議室のため，ワンウェイ・ミラーなどの設備はなく，机の配置や椅子の向きなどを工夫して取り組んでいます。

実際にこのような事例検討会のスタイルに至るまでには，電話相談ボランティアの方々と筆者との共同により，参加型アクション・リサーチを通して，ボランティア組織における限られた資源のもとで実践可能な具体的取り組みを探求してきた経緯があります。そうした経緯自体，矢原（2011a）において述べたとおり，実は広義のリフレクティングであるといえるのですが，ここではあくまで狭義のリフレクティング（＝リフレクティング・チーム形式の事例検討会の内容）に焦点をおいて紹介しましょう。なお，以下に紹介する例は，実際の会話をベースにしつつ，内容を抜粋し，適宜改変したものです。

---

[2] 当該団体で事例検討会方式のリフレクティングを活用するに至った経緯については，矢原隆行（2011a）を参照。

● 3-1 背景とイシューの概要

　チャイルドラインびんごは，広島県東部地域のボランティアによる子ども専用の電話相談です。「秘密は守る」「どんなことも一緒に考える」「名前は言わなくてもいい」「切りたいときは切っていい」という四つの約束のもと，全国各地で多数の団体が活動しているチャイルドラインの一つですが，いくつかの理由から独自の振り返りの仕組みとしてリフレクティングを導入しています。とりわけ，気になった電話のやりとりについては，定期的に事例検討会において，他の電話相談ボランティアの人々と事例の理解を深める研修の機会を設けています。

　今回の事例提供者であるGさんは，電話相談ボランティアとして子どもたちからの電話を受け始めて6年目になります。電話を受ける際のチャイルドラインの約束は，もちろんよくわかっているつもりだったのですが，最近受けた高校生からの電話のやり取りの中で，あらためて考えさせられるところがあり，リフレクティング・チーム形式の事例検討会で皆と話したいとの申し出がありました。面接者役は，電話相談ボランティア歴5年目のHさん，リフレクティング・チームには，電話相談ボランティア歴2年目から7年目までのIさん，Jさん，Kさんが参加し，筆者（F）は，全体の会話の進行役として参加しました。

● 3-2 会話の流れ

（1）事例提供者と面接者のセッション1

H「では，Gさんが今回，事例として検討なさりたい電話のことについて教えてください」。

G「はい。まず今回の電話の概要についてお話します。高校生二年生の女の子からの電話だったんですが，小学校や中学校の時から友人関係がうまくいかず，いじめにあったこともあるとのことで，とにかく今まで何も良いことがない，と言うんですね。他の同級生たちは充実した高校生活を送っているのに，自分は何もできてない，と。信頼できる友人もいないし，担任の先生に相談しても，人間関係については何もしてくれない，とにかくつらい，と。私は，『それはつらいね』と相槌をうちながら聞いていたんですが，励ましの言葉のつもりで『これから先，まだまだ良いことがあるよ』

と言ってしまったんです。すると，すごい勢いで怒りはじめて，『大人はみんなそんなふうに言うけど，私には今が大事なのにわかってくれない』と。私は，このまま電話を切られてしまうんじゃないかと焦る気持ちと，なるほどたしかにそんな簡単なものではないよな，言い方がよくなかったな，という気持ちで話を聞き続けました。やがてだんだんと落ち着いたトーンになって，穏やかに自分の気持ちを話してくれるようになって電話は終わったんですが，そういう場面で，もし皆さんだったらどう対応されたのかな，と」。
H「電話のかけ手が怒りだした後，話を聞き続けようとしたGさんの心の内にはどんな思いがあったんでしょうか？」
G「このまま電話を切られちゃいけないという気持ちがありました。もちろん，かけ手が切りたいときは切ってもいい電話なんだとわかっているんですが。なんだか自分の一言が上から目線のアドバイスになってしまっていたのではないかという反省もあって」。
H「そういう気持ちで話し続けたんですね。だんだん落ち着いたトーンになっていったのは，Gさんがしっかりかけ手の話を聞けていたからだと思いますよ」。
（電話のやりとりに関する事実確認の会話）
F「いかがでしょうか。では，そろそろリフレクティング・チームの皆さんから今回の事例について気づかれた点を話していただきましょう」。

(2) リフレクティング・チームのセッション1
I「この女の子の経験と自分の高校生の時の経験がとても重なっていると感じながら聞いていました。私自身，そのときに相談する人もいなくて。そんなどうしていいかわからないときに『この先，良いことがあるよ』と言われると，『じゃあ今はどうすればいいの』と感じてしまうかもしれない。でも，何か糸口がほしくて，誰かに聞いてほしい気持ちもあって。その頃には戻れないので，あくまでいまの時点での考えですが」。
J「私が電話を受けていていつも失敗するのは，やはり，こう，前向きに将来を見てほしいっていう願いから，どうしてもアドバイス的なことを言って

しまうこと。それが子どもにとっては，せっかく電話したのに，やっぱり他の大人の言うことと同じだと受け取られてしまう場合があるわけですね」。

K「このかけ手の思いの何かに触れるような言葉をGさんが言ったことが強い怒りにつながったのでしょうか？　それでも電話が切られなかったのは，Gさんが再び話しかけてくれたときに，この人は，理解はしてくれなかったけど，理解しようとする気持ちはもってくれていると思われたからではないでしょうか」。

F「なるほど。たしかに電話は切られませんでした。皆さんは，電話のかけ手がこんなふうにとても怒ったとき，どのように対応されるのでしょうか」。

J「かけ手が切りたいときは切ってもいい電話といっても，切った後に『かけない方がよかった』とは思われたくありません。なんとか話を続けようと努力すると思います。Gさんが実際どうやって相手が落ち着くまで会話を続けられたのか興味がありますね。きっと『ちゃんと聞いているよ』という雰囲気が伝わったからこそ，かけ手は落ち着いていったのかな，と」。

I「私もGさんがどうやって会話を続けたのか知りたいです」。

F「では，次のセッションでは，Gさんにその点も教えていただきましょう」。

(3) 事例提供者と面接者のセッション2

F「リフレクティング・チームの皆さんの会話をお聞きになって，いかがでしょうか」。

G「うーん。相手が怒りだした時の会話ですが，正直，夢中だったので詳しく覚えてはいないんです。怒って大きな声を出していたので，まず，『ごめんね，言葉がちゃんと聞き取れなかったから，もう一度話してくれる？』とお願いしたと思います。少しでもきちんとかけ手の言葉を受けとめたいですから」。

H「Gさんが日ごろから相手の気持ちに寄り添うことを基本に電話を受けられているっていうことがよくわかります。『ちょっと聞き取りにくいので』と返すことによって，相手にもう一回話すチャンスを与えているようにも，私には受け取れました」。

(かけ手の怒りの感情とその受けとめ方に関する会話)

(4) リフレクティング・チームのセッション2
I「自分が受け手だったらどうするかなって，ずっと考えていました。急に怒りだされたら，たしかにびっくりすると思うんですけど，それもその子の今の感情が出たっていうことだから，少し思いを変えて見たら，思い切って怒れたことが，その子のちょっとストレス解消というか，気持ちがすっきりした部分もあるかもしれないという気もしてきました」。
J「声を出すことってすごいことですよね。こう，気持ちが発散できるし，そういう意味で怒りの声が出たっていうのは，黙ってしまったり，電話を切ったりしたんじゃなくて，なんだかすごくよかったんじゃないかなって思って。さらにそれがGさんにつながっていたわけだから」。
F「かけ手にとっては，今まで溜まっていた気持ちが表現できて，それを何とかして聞き続けようとしてくれる人がいたということかもしれませんね。では，最後のセッションでGさんが今回の事例検討を通して感じたことを話していただきましょう」。

(5) 事例提供者と面接者のセッション3
G「今回の電話の内容のことに限らず，すごく参考になることにたくさん気づけた気がします。なかなか言葉にならないような言葉を聞き続けることの大切さを再認識しました。また，大人からの目線については，どうしても子どもと同じ目線というわけにはいかないし，相手もかけてきた時点で大人に話しているわけですものね」。
H「かけ手が『結局大人はわかってくれない』というひと言が言えたことの意味はとても大きかったのではないかな，と私も感じました」。
(事例検討における気づきに関する会話)

● 3-3 振り返り
　最初の会話(事例提供者と面接者のセッション1)では，電話中に急に怒り出したかけ手に対してGさんが感じた戸惑いや自分の対応についての反省が

述べられています。面接者のHさんは支持的にそれを受けとめながら，同時に，電話のやり取りに関する事実確認をして事例の内容を明確にしていきます。このとき，面接者以外にリフレクティング・チーム形式の会話全体の進行役がいることで，面接者の役割の負担を軽減し，全体の進行がスムーズになります。リフレクティング・チームのセッション1では，電話の受け手としてそれぞれの経験を有するメンバーから，Gさんの提示した事例についての各々の考えが述べられていきますが，Kさんの発言をきっかけに「電話が切られなかったこと」に着目した会話が進んでいきます。事例提供者と面接者のセッション2では，それに応えるかたちで，Gさんがその場面でどのように対応したのか，また，その意味についての検討がGさんとHさんとの間で深まっています。リフレクティング・チームのセッション2では，リフレクティング・チームのメンバーにおける新たな気づきが示され，今回の事例に対する評価も変化していることが見てとれます。それらの気づきが，Gさんにもうつし込まれることで，事例を通したより普遍的な気づきにつながっています。このようにリフレクティング・チーム形式の事例検討においては，検討事例の問題解決にとどまらず，多様な視点を互いの内的会話に導き入れ，相互に促進することにより，参加者各々の気づきや，より普遍的な学びを得ることが可能となります。

プラスワンポイント［アズ・イフ・プロセス］

　先に述べたように，事例検討会は，参加人数が少人数の場合もあれば，十数名，あるいはもっと大勢が参加する場で取り組まれることもあるでしょう。そうした場合，リフレクティング・チームの人数がかなり多くなりますので，基本手順で紹介した方法では，全員が会話に参加するのが難しくなってしまい，せっかくの事例検討の効果が限定的なものになってしまうことが予想されます。

　そのように参加人数が多い場合の有効な事例検討の方法として，筆者がこれまでに教育や研修の場面で用いてきたのが「アズ・イフ・プロセス」というユニークな方法です[3]。この方法は，すでに本書に何度か登場したハーレーン・アンダーソンが，1982年から83年にかけて，ガルベストン家族研究所でセラピストである大学院生が抱える処遇困難事例についてのコンサルテーションに用いたのがその始まりとされます（Andersen & Jensen 2007）。

　ワーク実施手順は，おおよそ次のようなものです。

① 事例提供者に，❶臨床において直面する出来事の中でこの事例を語ることを選んだ理由，❷その話題に登場する人物の特徴，❸このコンサルテーションを受けるにあたって期待すること，❹その事例について事例提供者がコンサルテーション参加者に知っておいてもらう必要があると考える情報，の四点を語るよう促す。

② 他の参加者たちは，グループごとに「あたかも（アズ・イフ）」その事例の登場人物の誰かとして，事例提供者による語りに黙って耳を傾ける（silent reflecting-listening）よう求められる。

③ その後，それぞれのグループ内で互いのリフレクションの共有がなされ，この間，事例提供者は静かに，そして新たな情報を提供することなく各グループを周り，グループ内から出されるさまざまな「声」に耳を傾ける。

④ 各グループにアズ・イフの立場でのリフレクションの内容を全体に提示するよう求め，その後，事例提供者と共に各グループからのリフレクションについて話し合う。

⑤ ワークの終盤には，アズ・イフの立場を離れ，参加者全員でこのワーク全体について議論するが，その際，参加者が専門家としてさらなる情報を求めたり，事例提供者に対して何らかの指示を与えたりするような発言をおこなうことを避ける。

---

3) アズ・イフ・プロセスの具体的な実践例については，壬生・矢原（2008）を参照。

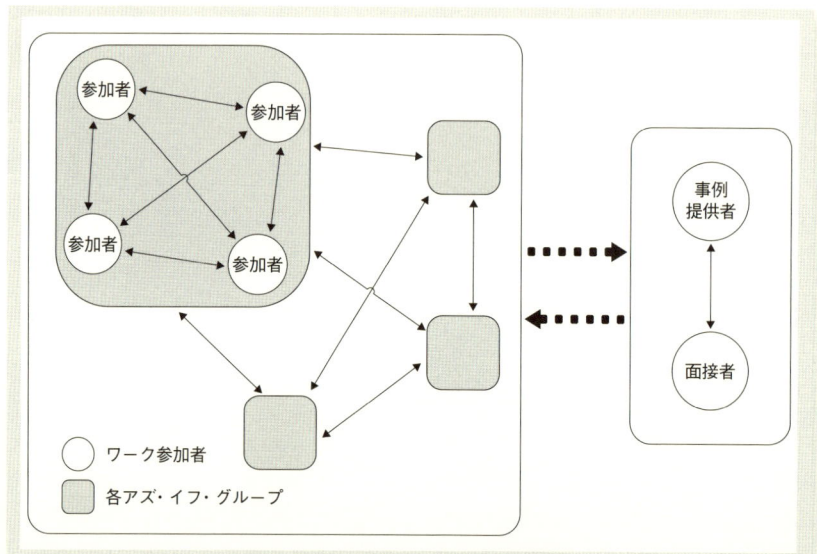

図1 アズ・イフ・プロセスの概念図

　手順の最後の段階に述べられていることからもわかるように，このワークの焦点は，何か望ましい援助や正しい課題解決の方策を探究することではなく，その場に参加している人々が，自らの考えや，思い，さらにその背景にあるものを互いにうつし出す（reflect）こと，話題提供者が語った情報や事実以上のものを学びとることにあります。実際，このワークに参加すると，同じ人物の立場で話しているはずのグループのなかで実に多様な声が響いていることを体感することができますし，そのこと自体が参加者全員にとって貴重な学びとなります。

　また，「あたかも」とはいえ，事例の登場人物たちが目の前にいることを想定して事例について述べるという経験は，通常の事例検討会とは大いに異なります。当然，そこでは登場人物たちに配慮したことば遣いや表現方法，会話のマナーが求められることになるわけです。こうしたアズ・イフ・プロセスにアンデルセンのリフレクティングの理念が大きな影響を与えていることは，容易に見てとれるでしょう。

　実際にアズ・イフ・プロセスをおこなう際には，あらかじめ事例に登場する人物の数に合わせて座席を配置したり，各グループにおけるアズ・イフの立場でのリフレクションの内容が全体にわかるようホワイトボードを活用するなど，その状況に応じた工夫が可能です。たとえば，事例の登場人物が4名で，ワークの参加者が30名程度であれば，次のような会場のレイアウトが考えられます。参加

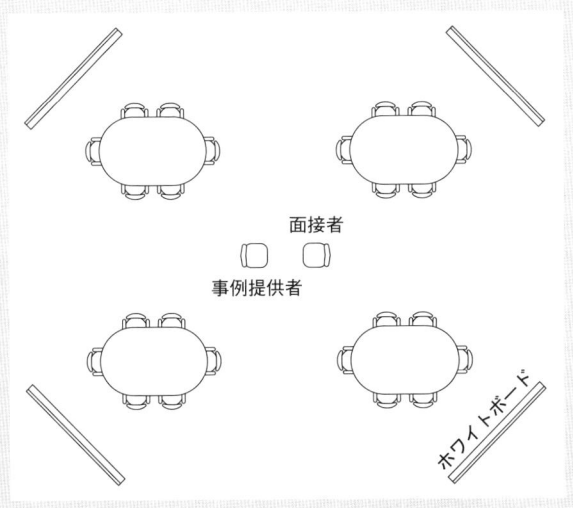

図2 アズ・イフ・プロセスにおける座席の配置例

者の人数規模が大きい場合，面接者以外に，全体の進行役を設定してもよいでしょう。

　もちろん，リフレクティングにおける考え方と同様に，アズ・イフ・プロセスにおいても，ワーク前の導入と最後のまとめに十分な時間を取り，ワークのポイントを整理し，その意義を丁寧に説明することが大切です。とくに，一回きりの研修などでは，事前に十分な説明がなされない場合，参加者が他者の意見を誤ったものとして否定したり，物事の理解や判断の多様性（自分自身の中に存在する多様性も含みます）に気づくことを不快と感じてしまう場合もあるでしょう。面接者や全体の進行役には，ワークに関するすべての要素が「適度な差異」を提供するものであるように工夫と配慮をすることが望まれます。

6 職種間等の連携促進のためのプログラム

　近年，保健・医療・福祉・教育など，幅広い対人援助の領域において，「連携」「協働」「チーム」といった言葉が頻繁に聞かれるようになってきました。多様化，複雑化の進む現代社会で生じる諸問題に対応していくうえで，一人の専門職，一つの機関だけで効果的な取り組みをおこなうことは困難であり，さまざまな専門性を有した専門職，さまざまな専門機関，さまざまな専門領域が連携し，協働していく必要があることは明らかでしょう。各専門職団体が掲げる倫理綱領の多くにも，他の専門職との連携・協働が謳われていますし，最近では，専門職の養成教育段階において専門職連携教育（inter-professional education）を標榜する大学も増えつつあります。もちろん，対人援助の専門領域ばかりでなく，何らかの仕事を効果的に進めていくために，職種間や部署間，組織間の連携が大切であることは，あらためていうまでもありません。

1 連携・協働の類型と課題

　実際に，連携，協働あるいはチームといっても，そのレベルや類型には，かなり幅があります。ここでは，福山（2009）による整理に従って，協働体制のレベルごとの効用と限界を確認しておきましょう。福山は，協働体制の類型を試みるなかで，ミクロ・レベル（同一機関内の協働体制），メゾ・レベル（多機関間の協働体制），マクロ・レベル（多領域間の協働体制）のそれぞれについて，その効用と限界を表6-1のように整理しています。
　まず，同一機関内における協働は，多くの人々が職場で日常的に経験してい

るものといえますが，そのなかでも，同一職種間と多職種間とでは，その効用や限界に大きな違いがあります。連携や協働が話題になるとき，現場においても，研究者の間でも，その必要性が強調されながらも，同時に，その困難が繰り返し指摘されるのが，多職種間の協働をめぐる問題でしょう。その理由は，福山が指摘しているとおり，それぞれの専門性に関する相互理解が難しいことにあります。

つぎに，多機関間における協働では，それぞれが異なる機能を有する機関間の相互協力により，包括的・総合的な成果をあげることが期待できますが，それぞれの機関が異なる歴史や目的，組織体制を有し，また，頻繁に一堂に会することが難しい状況も想定されるなかで，いかにして効率的かつ恒常的な連携体制を確保できるのかが課題といえます。

さらに，多領域間の協働体制については，新たな総合的理論開発という大きな効用が期待できますが，たんに一方の領域が他方の領域の技術を導入し，活用するといったレベルにとどまらず，異なる領域を横断する広汎な理論を創出

表6-1 協働体制の類型及び効用と限界 (出典：福山 2009)

形　態		効　用	限　界
ミクロ・レベル 同一機関内の協働体制	同一職種間の協働体制	専門性の活用と向上相互理解がしやすく，同意を得やすい。	総合的成果を出せない，理解していることの点検がしにくい。
	多職種間の協働体制	それぞれの専門性を活用し，総合的成果を出せるので，合意が得やすい。	それぞれの専門性についての相互理解が難しい。
メゾ・レベル 多機関間の協働体制		それぞれの機関の代表が集まることで，それぞれの機関の独自性や方針を活用して総合的成果をあげることができる。	それぞれが一堂に集まることが難しく，体制を効率よく稼動させることが難しい。
マクロ・レベル 多領域間の協働体制		それぞれの領域の独自性や専門性を活用することにより新しい総合的な理論開発ができる。	それぞれの領域の限界があり，相互協力を得ることが難しい。

することを志向する場合，それが容易でないことは明らかでしょう。

このように，一口に連携・協働といっても，実際にはさまざまなレベルが考えられます。筆者自身がこれまで各地で携わってきた福祉現場のリーダーを対象とする研修のなかでも，現在の職場の課題としてつねに多くの人々が挙げるのが「他職種との連携がうまくいっていない」という問題でした。そこには，各職種に固有の歴史や人間観，専門的知識の内容の差異，さらには，福祉や医療の制度とその歴史を通して積み重ねられてきた専門職間のパワーバランスやヒエラルキーをめぐる根の深い問題が存在しています。

では，そうした困難な問題に，いかに取り組んでいくことができるでしょうか。たとえば，チーム医療の研究に取り組む細田満和子は，世界的に知られる社会哲学者ユルゲン・ハーバーマス（Jürgen Habermas）の理想的対話状況に関する議論を参照しつつ，「複数の専門職同士の見解にズレがあっても，全員が対等な立場で自由に意見を言いやすい環境で『対話』を重ねることによって，よりよい合理的な決定が可能になる」（細田 2012: 154）と結論づけています。たしかに，そのような状況においても，対話が重ねられるのは基本的に望ましいことだと筆者も考えます。しかし，現実には，複数の職種や機関がせっかく集まって会議を開いたとしても，先に述べた専門職間の力関係などから自由になることは決して容易ではないでしょうし，異なる専門性や異なる立場の参加者の間に，意見の相違や反発，無理解が見られ，かえって職種間や組織間の溝が深まってしまうという残念な結果に終わることも珍しくはないでしょう。

こうした事態について考えていくうえで示唆に富むのが，「ディスコミュニケーション」という概念です。心理学者の高木光太郎によれば，ディスコミュニケーションとは，「言語的相互作用において経験された『不全感』や『違和感』が，相手の『あるべき状態』から逸脱している反応によって生み出されていると，当事者（または当事者の相互作用を外部から観察している観察者）が理解している事態」（高木 2011: 249）を指します。すなわち，そこでは，たんなる「意見の食い違い」ではなく，そうした意見の適否を判断するための，いわば基準器[1]自体の齟齬が生じているといえるでしょう。お互いの基準器自体が異なっている以上，「何が合理的であるのか」「どちらが適切なあり方から逸脱しているのか」について，いかに対話を重ねても見解のズレは解消されず，双

方が自分たちの正しさと相手側の誤りを確信したまま，両者の間の行き違いが隠蔽され，維持されてしまうことになりかねません[2]。

筆者は，そうしたディスコミュニケーションの困難に直面しがちな多職種間・多機関間の連携の場面でこそ，唯一の「正解」を求めず，多様な声（参加者それぞれの声の多様さはもちろん，一個人のうちで交わされる内的会話に響く声の多様さも含めて）の共存を大切にするリフレクティングを有効に活用することができるのではないかと考えています。これまで本書で繰り返し確認してきたように，リフレクティングは，多様な声を共存させつつ，「はなすこととくことのうつし込み合い」を通して，異なる視点や価値観を有したグループ間のコミュニケーションに新たな次元を創発することができる方法なのです。

もちろん，そのためには，どこかでお膳立てされた連携会議にリフレクティング・チーム形式の会話を用いるといった表面的な活用ではなく，必要に応じて既存の会議の文脈を問い直し，そのあり方に新たな風を吹き込む広義のリフレクティングの視点も不可欠であることはいうまでもありません。そのことを心に留めたうえで，多職種間・多機関間連携を促進するための対話のワークにおいて，リフレクティング・チーム形式の会話がどのように活用可能か見ていきましょう。

前ページ1）基準器とは，計量器が正確であるかどうかを検査するために使用される計量器，たとえば，物差しを測るための物差しなどのことです。

2）筆者はこれまでにリフレクティングの実践研究をおこなってきた複数の福祉施設や医療機関において，職員を対象に連携の実態に関するアンケートを実施してきました。その結果から，多職種間に生じるこうした行き違いには，その領域における職種上の力関係に応じた一定のベクトルが生じていることが観察されます。たとえば，病院においては，医師は看護師と連携がとれていると認識しているが，看護師は医師と連携がとれていないと認識している傾向が強く，高齢者福祉施設においては，看護師は介護職と連携がとれていると認識しているが，介護職は看護師と連携がとれていないと認識している傾向が強く見られました。そこにはまさに基準器自体の齟齬を見出すことができます。

2 リフレクティング応用の仕組みと手順

● 2-1 仕組み

多職種間連携を促進するための話し合いの基本形式として，まずは同一機関内の二つの職種間において連携を促進するためのワークにリフレクティング・チーム形式の会話を組み込む方法を紹介しましょう（さらに多くの職種や組織が参加して取り組むワークの方法については，プラスワンポイントで紹介します）。コミュニケーションの基本構造は図6-1のようになります。

二つの職種でワークおこなう場合，職種間連携をめぐって何らかの具体的イシューを提供する人を含むグループと，そのイシューにかかわる他職種グループという二つのグループが会話を重ねていきます。多様な視点から会話を進めていくために，基本的にはそれぞれのグループに複数の参加者がいることが望ましいですが，人数が多すぎると全員の会話への参加が十分におこなえなくなりますから，各グループが5～6名を超えないくらいの範囲がひとつの目安でしょう。

ワークをおこなう際には，会話の進行役として，リフレクティングに関する知識を有した第三者的な立場のファシリテーターがいることが望ましいでしょう。ファシリテーターは，双方のチームにおいて，その場で話している人々の

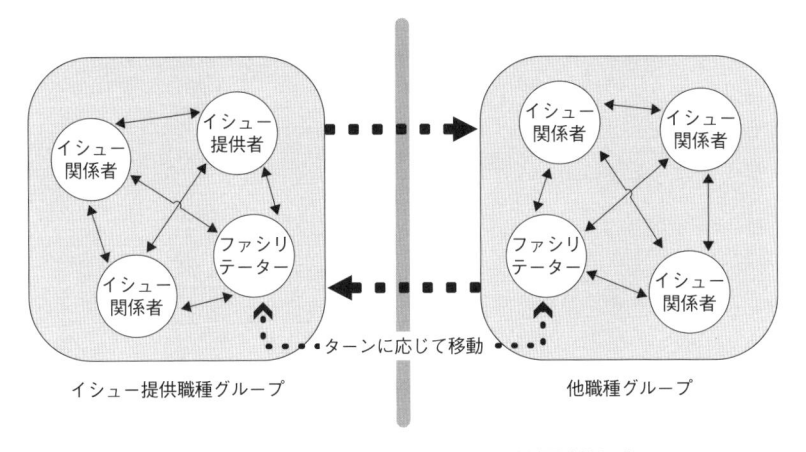

図6-1 リフレクティング・チーム形式を用いた職種間連携促進のワーク

会話の相手となり，話し手の思いを尊重しながらその場に安全なコミュニケーションの空間を生み出します。ファシリテーターが2名いる場合は，それぞれのグループに会話の聞き手として参加しますが，ファシリテーターが1名のみの場合は，会話のターンに応じてファシリテーターがグループ間を移動することになります。

なお，ファシリテーターは，それぞれの職種の有する専門的知識や仕事・組織の詳細について，必ずしも知悉している必要はありません。場合によっては，ファシリテーターが，それらについて詳しく知らない立場から素直な関心と敬意をもった質問を重ねることで，これまで当事者間ではあらためて話されることのなかった言葉，そこにはらまれた物事の捉え方が表出することもあります。そうした言葉が発言者本人を含む参加者に新鮮な響きをもって聞き取られることにより，各々の内的会話と外的会話が互いにうつし込み合いつつ展開していくことを促す，いわば触媒的な役割がファシリテーターには期待されます。

● 2-2　基本手順

⓪**事前準備**　職種間連携促進のワークにおいてイシュー提供役を希望する者は，事前に自分の気になっている職種間連携をめぐる課題について具体的に説明できるよう準備をしておく。ファシリテーターは，この準備に協力して，課題のポイントについて一緒に整理するとともに，イシュー提供者がどのような思いで職種間連携促進のワークを希望しているのかを尋ね，イシュー提供者，および，イシュー関係者である他の参加者とどのように課題を共有することができるか検討しておく。ファシリテーターは，参加者たちにリフレクティング・チーム形式を望むかどうかという確認もおこなう。

当日，ワークのために会場に集まった最初の段階で参加者全員が顔合わせをおこなう。このとき，リフレクティング・チーム形式での会話の経験がない，あるいは，少ない参加者がいる場合には，ファシリテーターからリフレクティングの基本的な会話の作法や，手順について説明をおこなう。その後，他職種グループは，ワンウェイ・ミラーの背後，あるいは，少し離れた別のテーブルに着席して，会話がスタートする。参加者がリフレクティング・チーム形式での会話に慣れていない場合，ワンウェイ・ミラーを用いない環境では，互いの

グループのコミュニケーションが言語的および非言語的に交錯しがちなので，机と椅子の向きに気をつけ，二つのグループの間にコミュニケーションの境界を明示するものを配置するなど，会場設定の方法に工夫する。

①**イシュー提供職種グループのセッション1（イシューの提示）**　イシュー提供者は，ファシリテーターに対して自分の気になっている職種間連携をめぐる課題について説明をおこなう。この際，特定の個人や相手の職種を責めるような話し方にならないよう留意し，自分自身が仕事に取り組むうえで難しいと感じている点や，気になっている点について，具体的な事実に沿って話すよう心がける。ファシリテーターは，イシュー提供者による説明を聞きながら，必要と思われる基本的情報の確認や具体的エピソードの要点の整理などをおこない，イシュー提供者による説明をサポートする。また，イシュー提供者と同職種であるグループ・メンバーにも，提示された課題についての意見や情報を求め，当該職種においてどのような認識が共有されているのかを浮かび上がらせていく。他職種グループは，ワンウェイ・ミラーの背後，あるいは，少し離れた別のテーブルから静かに耳を傾ける。ファシリテーターは，イシューの説明がなされ，一通りグループのメンバーからの発言が展開した適切な時点でセッション転換のタイミングを判断する。

②**他職種グループのセッション1**　ファシリテーターは，他職種グループのテーブルに席を移動し，他職種グループがイシュー提供職種グループの会話を観察している間に生じたアイデアについて会話する。イシュー提供職種グループは，そのやりとりに耳を傾ける。他職種グループのメンバーも，リフレクティングにおける会話の作法に留意し，特定の個人や相手の職種を責めるような断定的な話し方，否定的な話し方は避ける。連携促進に向けた具体的なアイデアが述べられた場合には，ファシリテーターがそれをサポートしつつ，グループ内の他のメンバーの意見も尋ねていく。

③**イシュー提供職種グループのセッション2**　他職種グループによる会話を踏まえて，再びイシュー提供職種グループがファシリテーターを交えて会話し，他職種グループは，そのやりとりに耳を傾ける。イシュー提供者およびイシュー提供職種グループの他のメンバーは，他職種グループの会話を聞いている間に気がついたことや思いついたアイデアを話し，ファシリテーターは，そ

れをサポートする。その際，必ずしも他職種グループから出されたアイデアのすべてに応答する必要はない。

　④以上のプロセスを2回程度（イシュー提供職種グループのセッション3程度まで）反復する。

　⑤最後は，必ずイシュー提供職種グループのセッションで終わる。

● 2-3 利　点

職種間連携促進のワークをリフレクティング・チーム形式でおこなうことの利点としては，大まかに次のようなことが挙げられます。

- イシュー提供者は，通常の職場の会議などでは話しにくい職種間連携をめぐる課題について，他職種の人々に直接話すことで生じがちなプレッシャーを感じることなく，ファシリテーターとの会話を通して落ち着いて話すことができる。
- グループが交互に会話することにより，異なる職種のメンバーが直接に対面して話し合うことで生じやすい職種間の対立の構図を避け，攻撃的にも防御的にもなることなく，じっくりと相手のグループの視点や考え方について耳を傾けることができる。
- 相手の職種グループの会話にじっくりと耳を傾けることで，その職種が自分たちの職種とは異なるどのような視点や考え方にもとづいて行動しているのかについて，俯瞰的な視点を得ることができ，職種間の異文化理解の機会となる。
- 各職種グループに複数のメンバーが参加していることで，同じ職種内でも多様な視点や考え方が存在することを職種内・職種間で互いに了解する機会となる。
- グループが交互に会話を重ねていくなかで，具体的な連携促進のアイデアについて，それぞれの職種がどのように貢献できるのかを相互調整しつつ，現実的な計画を導きやすい。

3 具体例

　では，職種間連携促進のワークにおいてリフレクティング・チーム形式を活用した会話の例を見てみましょう。筆者は，対人援助専門職のための新たな連携と協働の技法の研究開発の一環として，2011年から2012年にかけて，九州地方および近畿地方の複数の法人の特別養護老人ホームにおいて実践研究をおこないました。この時おこなったのが，同じ施設で働く介護福祉士と看護師という二つの職種間の連携促進のためのリフレクティング・チーム形式のワークです。高齢者福祉施設で働く介護福祉士と看護師とは，利用者のケアをめぐってつねに密接に連携して仕事に取り組む必要がありますが，福祉職である介護福祉士と，医療職である看護師との間では，互いの仕事の範囲についての理解の齟齬や，利用者に対する視点の違いなどから，相手方の職種に対する不満や行き違いも生じがちです（筆者は，2008年から各地で介護福祉士のリーダー研修にかかわっていますが，そこでおこなう自職場の課題分析のワークにおいて最も多く示される課題の一つが「看護職との連携の難しさ」です）。

　筆者は，この実践研究の際，連携促進のための短期的プログラムとして，各施設2日間の日程でリフレクティング・チーム形式のワークを試みました。基本手順として，初日には，①施設長へのインタビュー，②介護福祉士リーダーへのグループ・インタビュー，③看護師へのグループ・インタビューをそれぞれ実施し，当該施設における職種間連携上の課題（双方の職種が共有可能なテーマ）を確認したうえで，イシュー提供者と課題のポイントを整理しました。これを踏まえ，初日のグループ・インタビューに参加したメンバーたちにより，2日目にリフレクティング・チーム形式の職種間連携促進のワークをおこないます。ワークの実施場所は，基本的に当該施設の会議室を使用しましたが，施設ごとに環境が異なるため，机や椅子，その他の物品の配置など，臨機応変に可能な工夫をして取り組みました。以下に紹介する例は，実際に筆者がファシリテーターとして参加したワークをベースに内容を抜粋し，適宜改変したものです。

● 3-1 背景とイシューの概要

　L園は，南九州にある中規模の特別養護老人ホームで，40名余りの介護職員，5名の看護職員を含め，調理員や生活相談員など多様な職種の人々が働いています。最も多くを占める介護職員の大半は，20代から30代前半の若い世代で，各部署の介護リーダーも，介護職としての経験年数が10年に満たない人たちが多くを占めています。一方，看護職員は，ほぼ全員が病院やクリニック，施設など複数の機関での勤務経験を有し，それぞれが20年から30年以上の看護師としてのキャリアを有する人たちです。

　今回，イシュー提供者となった介護福祉士グループのMさんは，専門学校で介護福祉士の資格を取得した後，すぐにL園に勤務して現在6年目で，担当する部署の介護リーダーを務めています。Mさん以外の介護福祉士グループのメンバーとしては，Mさんとほぼ同じ年齢，キャリアで，同じく介護リーダーを務めるNさん，リーダーのサポート役を務めるOさんが参加しました。事前のグループ・インタビューでは，「看護師さんによって指示の内容や意見が異なる時があり困ってしまう」というMさんからの意見に，Nさん，Oさんも共感を示しました。一方，看護師グループのPさん，Qさん，Rさんからは，事前のグループ・インタビュー（インタビューは職種別に実施）のなかで，介護職とのジェネレーション・ギャップによるコミュニケーションの難しさが連携上の課題として挙げられました。そこで，今回のワークでは，Mさんを中心とした介護福祉士グループからのイシュー提供を通して，双方で感じられている職種間連携上のコミュニケーションの難しさについて振り返ることとなりました。

　なお，リフレクティング・チーム形式の会話は，筆者以外の全員が初めての体験であったため，ワークの前にその特徴や意義，話し方で注意する点などについて説明をおこない，双方のグループにおけるファシリテーター役を筆者（F）がおこないました。

● 3-2 会話の流れ

（1）イシュー提供職種グループのセッション1

F「昨日のグループ・インタビューでは，こちらの施設の皆さんが互いの職種

を尊重し合い，配慮し合っている様子がとてもよく感じられました。そうしたなかでも，皆さんが介護現場のリーダーという立場で振り返ったときに，看護職との連携の場面で介護職員の方々が戸惑ってしまうこともあるというお話を伺いました。今日はせっかくの機会ですので，お話しできる範囲で具体的なエピソードを紹介していただければと思いますが，いかがでしょうか」。

(いくつかの具体的なエピソードを紹介する会話)

M「これは，つい先日あったことなんですが，利用者さんに塗っている軟膏について，新人の介護職員がどの薬を塗ればいいのか，看護師さんに尋ねたときに『○○を塗っておいて』と言われて塗っていたんです。それに他の介護職員が気づいて，記録をさかのぼってみると，前に別の看護師さんから指示されていた薬と違っていたということがありました。まぁ，自分たちの引継ぎがきちんとできていないのも悪いのですが」。

F「情報の引継ぎというのは，たしかに大切ですよね。一方で，看護師さんによって指示する薬の種類が違っていると気づいてしまうと，どちらが正しいのか不安になってしまうかもしれませんね」。

M「そうなんです。それで，自分たちでも，最近，話し合って，利用者さんごとに処置の部位と塗る薬の名前を一覧表にするということを始めてるんです。本当に最近ですけど，やっぱり，これじゃいけないということで」。

N「最初は個人から出たアイデアだったんですが，そうした表を作ったことで確認しやすくなりましたね。ただ，その表自体も介護職が作ったものなので，作成する段階で看護職の人たちの意見をもらえると，さらに良いものができたんじゃないかとも思います」。

O「うん。その情報を介護職だけで共有するんじゃなくて，看護職も含めて共有しながら，必要に応じて情報を日々更新していけると，同じ情報でやり取りできて安心できるかな」。

F「なるほど。すでにいろいろと取り組みをされているんですね。介護職は，医療職ではないため，薬の使用に関して不安になる部分もあるのではないかと思いますが，高齢者福祉施設の実状として対応せざるをえないということだろうと思います。そうしたなかで，どのように安心して仕事を進め

ていけるか，ということですよね。では，看護職の皆さんのお話しも伺ってみましょう」．

(2) 職種グループのセッション1
P「いま介護職の皆さんの話を聞いていて，本当に心配だったろう，と思いました．皆さんが表を作ったりされていると聞いて，看護職の側もそういうものを作ったらいいな，と．そういうものを処置台に置いておけば，一番不安がなくなるでしょうし」．
Q「看護職からすると，軟膏などで名前は違っていても作用は同じものもあるんですが，そういうことを気にせずに，つい介護職の方に指示をしていたように思います．それで看護師によって言うことが違う，ということが起きてしまうのだろうという気がします」．
F「そうすると，どちらの薬も間違っているというわけではないのですね．とはいえ，慣れない新人の介護職員の方などからすると，やはり心配な気持ちになるかもしれませんね」．
Q「たしかにそうですね．考えてみれば，看護職の中での情報共有がもう少しできていれば，そうした心配を介護職の方にかけずに済むでしょうから．看護師の方で，申し送りノートやメモは，今も使っているんですが，それに書いていない情報も結構ありますね」．
F「そうですか．そのあたり，看護職間での情報共有や介護職との情報共有という点で，どんなことができそう，というのはあるでしょうか？」
R「いくつかノートや記録で共有できるものは，すでにあるんですが，そこにどんなふうに書き込むのかですね．自分たちではつい当たり前と思って流してしまう情報も，介護職の人たちは必要と思っているかもしれないので，もう少し細かく書くように」．
P「施設では皮膚の疾患というのがとても多いので，私たち自身も，ひどいものは皮膚科の医師の判断を仰がないとわからないこともあったりして，不安なこともあるのですが，この程度なら，以前使っていたこの薬で，というその場の判断もあったりして．まあ，でも心配をかけないよう気配りが必要ですよね」．

(介護職に心配や不安を感じさせたことへの反省に関する会話)

(3) イシュー提供職種グループのセッション2
F「いかがでしたか？　看護職の皆さんの会話をこうしてじっと聞いているのも，意外と新鮮な体験だったかもしれませんが」。
M「看護職の皆さんの話を聞いていて，あらためて気づいたんですが，看護師さんたちは，病院ならばすぐ医師を頼ることができるのかもしれないけれど，施設だと，私たちが看護師さんを頼りにして，どんな処置をすればいいのか訊けても，看護師さんたちは，すぐに医師に頼れる環境じゃないので，看護師さんたち自身，不安ななかで私たちの質問に対応してくれているんだなぁ，と。そうしたなかで，看護師さんの間で指示が異なるということも出てきたりするのかもしれないと思いました」。
O「そうですね。自分たちは医療的な面では，看護師さんたちがいることで安心して仕事ができているけど，看護師さんたちには，施設ならではの大変さがある気がしました。軟膏の指示が看護師さんによって違っているというのも，考えてみると，自分たち介護職だって，自分の経験を踏まえて，その場で臨機応変に対応することはあるし，そういうことってあるな，と」。
N「新人だと，不安でも看護師さんに聞きづらいというのはあるでしょうが，そこは僕たちがフォローすべきところでもありますね。記録による情報共有については，記録物が増えすぎたら大変という意見もあるけれど，一度形式さえ作れば，あとは使いやすいようにうまく活用していけるだろうという気がしています」。
(看護職と情報共有できる記録の作成に関する会話)

(4) 他職種グループのセッション2
F「さて，介護職の皆さんの話をお聞きになっていて，いかがでしたでしょうか？」
Q「看護師は頼るべき人がいないというのは，本当にそうで，特に夜勤の時なんかで，外部の病院に連絡するかどうかなど，時々とても悩むことがあります」。

R「そんな時は本当に必死です。でも，介護職の皆さんは，きっともっと不安なんでしょうから，私たちが早く行って，早く何とかしてあげないと」。
P「そうですね。遅い時間は，それぞれ電話連絡を受ける看護師が決まっているので，夜勤の介護職の方から，『遅くにすみません』と言われることもあるんですが，心配なら遠慮せずにかけてきてほしいと伝えています」。
F「本当に福祉現場での看護師の皆さんならではの大変さというのがあるのでしょうね」。
P「はい。でも，介護職の皆さんにずいぶん助けられていることもあります。軟膏だって，本当は私たちがやるべき部分を介護職の皆さんにやっていただいているんですから」。
R「ええ。だから皆さんがやりやすいように情報共有をちゃんとしないと」。
(福祉現場ならではの看護職の責任の重さと介護職への感謝に関する会話)

(5) イシュー提供職種グループのセッション3
F「看護職の皆さんから，かなり率直な気持ちが聞けたように思います」。
O「そうですね。看護師さんは看護師さんで，病院で働いていた時とは違うプレッシャーを感じながら仕事をしているんだという，そういう気持ちの部分が聞けたことは大きかったです。個々の問題がどうのこうの以上に，それを感じました」。
N「ふだんから看護師さんたちに頼る部分が大きいんですけど，丸投げではなくて，自分たちでも自分たちなりに責任をもった頼り方をしていかないといけないと思いましたね。もう少し深く考えたうえで相談しながら，より良いケアにつなげていけたらと」。
M「看護師さんたちの会話のなかで，『軟膏などは本当は自分たちがすべきなのに』と言ってくれたことが，心に残りました。そういう目で見ててくれているんだ，と。お互いの職種とも人手不足で大変だというのは，これまでもわかってはいたんですが，もう少し根っこの部分の気持ちというのが今回聞けたので，この関係ならできることが今後あるんじゃないか。日常の実践にもうまく生かしていきたいな，と思いました」。

● 3-3 振り返り

　最初の会話（イシュー提供職種グループのセッション1）では，ファシリテーター（F）の促しのなかで，介護リーダーの一人であるMさんから，看護師間で薬の指示の内容に違いがあり，介護職員が戸惑っている状況について説明がなされました。それを受けて，Nさん，Oさんからも，当該イシューに対しての自分たちの取り組み，看護職への要望などが話されました。これらのイシューは，前日のグループ・インタビューのなかで一通りファシリテーターに聞き取りされているため，Mさんをはじめ全員が落ち着いたトーンで話し，相手の職種を責めるような空気でなく，あくまで自分たちのイシューとして紹介されています。他職種グループのセッション1では，介護職の人々の不安に共感しながら，一覧表づくりの取り組みを評価する声が看護職のPさんから示されています。Qさんからは，「看護職からすると」といういい方で，軟膏の種類に関する看護職側の認識の仕方が示されますが，ファシリテーターとの会話の流れのなかで，薬に関する知識の少ない介護職員の立場に思いをめぐらせます。Rさんも介護職員の視点を想像しつつ，記録の書き方などを反省していきます。イシュー提供職種グループのセッション2では，その前のセッションで看護職のPさんが漏らした「医師の判断を仰がないとわからないこともある」という不安の表明を，イシュー提供者である介護職員のMさんが受けとめ，そこから福祉施設で働く看護師の固有の状況への理解が示されていきます。会話のなかで，介護職グループにとっての看護職像に新たな襞が重なり，深まっていく様子が見てとれるでしょう。そのことが自分たちの振り返りにもつながっていきます。他職種グループのセッション2では，そうした介護職側の理解に誘われて，看護職グループ自身が福祉施設で働くなかで感じている大変さを率直に話すとともに，日ごろの介護職の仕事への感謝も述べられます。最後のセッションでのOさんの「そういう気持ちの部分が聞けたことは大きかった」「個々の問題がどうのこうの以上に」という発言が如実に示しているように，今回のリフレクティング・チーム形式の会話のワークを通して，特定のイシューの解決ということばかりでなく，むしろそれ以上に，相手の職種との全体的関係性に対する認識の深化が相互の参加者に生じているといえるでしょう。

プラスワンポイント［多部署・多機関による会議］

　ここまで，二つの職種間の連携促進のワークについて見てきましたが，実際の仕事のなかでは，多職種，多部署，多機関がかかわってケア会議などをおこなう場面が，ますます増えつつあります。そうした会議の場は，多様な立場の参加者から構成されているため，形式的なものになってしまうと，一見，具体的な課題が議論されているように見えて，「会議のための会議」「アリバイづくりのための会議」となり，時間や労力を費やしても，それに見合った成果が得られないことが少なくないでしょう。

　筆者が2014年8月に訪問したデンマークのオシェーレト市（Odsherred kommune）では，精神医療・精神保健福祉にかかわる行政機関において多部署（病院，職業安定所，精神保健福祉，警察，家族支援など）の参加者からなるリフレクティング・ミーティングが，医療を担う州と福祉を担う市をまたいで定期的に（3カ月に1回，4時間ほどをかけて）実施されていました[3]。そこでの話し合いの手順は，次のようなものです。

①各部署から数名（3〜5名程度）の職員が会議に招かれる。参加する部署は6部署ほどで，全体では30名程度の人々が参加する。
②会議のはじめに全体の進行役から，会議の目的と文脈，会議における会話の基本ルール（他の部署や職種に対して否定的な発言の仕方をしないことなど）を説明する。会議の主眼は，個別の問題を解決することよりも，互いの組織の抱える問題についての理解を深め，多部署間の協働・連携を促進することにあることが確認される。
③進行役（2，3名）と面接者役は，リフレクティングの経験と知識を有した者が担当し，リフレクティング・トークの間，その場の雰囲気を和らげ，参加者が安心して会話に参加することができるように工夫するとともに，会話の流れをサポートする。
④会場には，全体の中心にインタビューされる部署のメンバーと面接者の座席を配置し，それを取り巻く形でそれぞれの部署のグループの席が配置される。
⑤最初にインタビューされる部署のメンバーが自部署の抱える問題について面接者と会話する。話の内容は，事前に決められておらず，その場で当該部署のメンバーが今最も気になっていること（できるだけ具体的なこと）が話

---

[3] この方法について筆者に説明してくれた州の心理士のアストリットさん（Astrid Elterå），市職員のイエッテさん（Gitte Hededam）らは，この会議の企画者であり，進行役や面接者として実際のリフレクティングに取り組んでいますが，ともに2005年から2007年にトロムソ大学のアンデルセンのもとで学んだ最後のクラスの人たちです。

される。その間，他部署のメンバーは，そこでの会話に静かに耳を傾ける。
⑥最初の部署の会話が終わると，進行役が他部署のメンバーから，会話を聞いていて感じたことや思いついたことなどを聞いていく（リフレクション）。
⑦つぎに，二番目の部署のメンバーが中心の席に移動し，最初の部署と同様に自部署の抱える問題について面接者と会話する。その間，他部署のメンバーは，そこでの会話に静かに耳を傾け，会話が終わると，進行役が他部署のメンバーから，会話を聞いていて感じたことや思いついたことなどを聞いていく。
⑧以下同様に，参加しているすべての部署が，順次，中心の席に移動して面接者と会話していき，その他の部署は静かに耳を傾けた後，そこでの会話へのリフレクションをおこなうことを繰り返していく。
⑨会議の後，話し合いの内容については，進行役の人々が簡単な報告書にまとめ，各部署に送付することで，会議に参加していない人々にも情報が共有されるようにする。

3カ月に1回とはいえ，さまざまな部署からの参加者が4時間にわたってこうした会話をおこなうことには，大変なエネルギーを要するのではないかと思われますが，実際には，この会議に参加することで，各部署間の組織の垣根を越えた相互理解が進み，また，肯定的なリフレクションの交換によって，参加者自身がとても前向きな気持ちで自身の仕事や他部署との連携に取り組む雰囲気が醸成されるそうです。

7 その他の多様なプログラム

　ここまで，スーパービジョン，事例検討，連携促進の各場面におけるプログラムを見てきましたが，リフレクティングの活用場面は，そのほかにも実に多岐にわたります。本章では，筆者自身の実践経験ばかりでなく，内外の注目すべき実践例を含めて，いくつか簡単に紹介しておきましょう。

1 質的研究の分析における活用

　リフレクティングが質的研究におけるデータ分析に活用可能であることは，アンデルセン自身がその著書の中で指摘しています（Andersen 1995）。そこで紹介されている進め方は，次のようなものです。

---
①研究者が聞き手との間で，自身のデータにもとづき，特定のカテゴリーや未だ明確にはなっていない何事かについて探究するために話し合う。
②他の人々（リフレクティング・チーム）はその会話を聞いた後，研究者たちの会話を聞いている間に思いついたことについて話す。
③他の人々から示されたアイデアについて研究者がコメントする。

　一見，通常の研究会などでも，自然な流れのなかでそうしたやり取りはなされていると思われるかもしれませんし，たしかにそれに近いことが実現している場合もあるでしょう。しかし，役割や場の設定を工夫することで，リフレクティングの効果をさらに促進することも可能です。たとえば，松嶋秀明らは

合宿形式でナラティヴ研究の進め方について協働的に学ぶというプロジェクトを実施していますが,そこではリフレクティングを参考にした多様なプログラムが考案され,通常の研究会では得難い多声性の促進効果が実感されています(松嶋・徳田 2013)。

　質的データの分析をおこなう際に,専門家のスーパービジョンを受けることは一般的ですが,指導者と学習者という一方向的な関係では生まれにくい解釈の広がりや深まり,協働的な学びの可能性が,リフレクティングを用いることによって豊かに展開できることは,筆者自身もこれまでの共同研究において体感しています。

2　地域での住民座談会における活用

　筆者は,2010 年頃から瀬戸内海の島嶼部をフィールドに,臨床社会学の方法としてナラティヴ・コミュニティ・ワーク[1]の可能性を探究しています(矢原 2014)。その一環として試みたのが,地域での住民座談会におけるリフレクティングの活用です。地域福祉活動計画の作成などのため,住民参加の機会として住民座談会が開催されることは,全国各地で一般的ですが,当該地域固有の状況や文脈によって,その参加者や発言者に偏りが出てしまうことも多いでしょう。

　筆者がかかわったある地域においても,住民座談会の参加者は,自治会役員,民生委員,婦人会役員など,地域のリーダーやその関係者が多くを占め,地域の高齢化もあいまって年齢構成にもかなりの偏りが見られました。座談会での話し合い自体も,社会福祉協議会職員主導のもと,おそらくこれまでに何度も繰り返されてきたであろうやり取りが反復されている様子でした。

　そこで筆者が試みたのが,住民座談会参加者を未成年者,その親世代,地域

---

1) ナラティヴ・コミュニティ・ワークとは,「何らかの課題をめぐりコミュニティにおいて生じる内部的および外部的関係性のゆらぎに対し,当該コミュニティを構成するとともにそこで構成される諸々のナラティヴ(コミュニティ・ナラティヴ)に焦点をおき,コミュニティ・メンバーによる語りという作動へのはたらきかけを通して支援をおこなうための方法」を意味する筆者の造語です。

のリーダー世代の三グループによって構成したリフレクティング・トークです。そこでは，地域の課題や，それに対する取り組みのアイデアについて，世代ごとのグループが話し合い，意見をまとめて発表します。一つの世代グループの発表の様子を他の二つの世代のグループが観察したうえで，次なるグループがそれを踏まえて話し合い，発表をおこなう，というプロセスを順次循環させていきました。このことは，コミュニティにおいてこれまで意見を発する機会の少なかった層のことばを顕在化する機会をつくるとともに，リーダー世代の悩みを他の世代に共有する機会となりました。

　こうした場でリフレクティング・トークを活用する際には，世代間，ジェンダー間，土着層・移動層間など，どのような視点でグループを構成し，それによって，どのような会話を促進することが当該コミュニティの文脈において適切であるのか，現状を踏まえた検討が必要になります。もちろん，その検討プロセス自体において，多様な地域住民の声を反映させるための工夫が考えられるとよいでしょう。

3 専門職へのフィードバック・ミーティングにおける活用

　筆者が2013年9月にデンマークを訪れた際，興味をもって話を伺った取り組みの一つがオールボー大学病院（Aalborg Universitetshospital）で実施され始めていた，リフレクティングを用いたフィードバック・ミーティングです。これは，退院後の患者と家族を病院に招いて，病院での体験と経験についてインタビューし，その様子を実際に患者とかかわった病院のスタッフたち（看護師，医師など）がリフレクティング・チームとして観察したうえで，病院において患者が体験・経験した問題の改善に向けた話し合いをおこなうというものです。「患者をパートナーとして」という理念のもとで取り組まれているこのリフレクティング・トークは，次のような四つのステップで進められます（Aalborg Universitetshospital 2013）。

①患者と家族へのインタビュー（45〜60分）
②リフレクティング・チームとしての病院スタッフによるリフレクション

(20～30分)
③患者と家族からのコメント (10分)
④病院スタッフとリーダーからのコメントと実行計画の作成 (60分)

　最初のステップでは、本実践のための研修を受けたファシリテーターである面接者によって、入院にかかわる全過程について患者と患者家族へのインタビューがなされます。そこでは、今後、患者や家族へのかかわりにおいて、病院として何か改善の余地があることの発見が目指されます。二番目のステップでは、最初のステップにおける面接者が病院スタッフたちからなるリフレクティング・チームの方に体を向け、患者や家族たちの話を聞いて重要だと感じたこと、改善できそうなことについて会話をおこないます。三番目のステップでは、面接者は患者や家族側に向き直り、先ほどの会話で病院スタッフが提案したことを実現できれば、患者や家族の体験の改善につながるかどうかを尋ねます。四番目のステップでは、病院スタッフとリーダーから患者や家族へのコメントがなされた後、病院スタッフによって実行計画（週明けから始められるくらいのきわめて具体的な改善プラン）がつくられます。

　このフィードバック・ミーティングには、同じ病棟で入院を体験した患者が複数同時に参加する場合もあるとのことでした。特定の職員が批判されたり、病院への不満が噴出したりすることはないのかとプロジェクトのリーダーに尋ねたところ、話し合いは予想以上に生産的で、誰の意見が正しいとか間違いとかいう話にはならず、自分の立場を守るような話にもならないことに、参加者たち自身が驚いたそうです。患者や家族にとっては、こうした専門職との関係のあり方自体に治療的意味があるでしょうし、こうした取り組みが既存の病院文化を変容させていく可能性もあるでしょう。

4 オープン・ダイアローグにおける活用

　2013年以降、日本でも急速に知られるようになったオープン・ダイアローグは、フィンランド西ラップランドのケロプダス病院において実践されている独自の精神医療システムです。オープン・ダイアローグという名前は、1995年に

公刊された論文上で初めて紹介されましたが（Seikkula et al. 1995），「開かれた対話」というその名前のとおり，その特徴は，心の危機に直面している本人とその家族，さらにはソーシャル・ネットワーク（多様な機関の職員や，本人の友人，職場の同僚，近隣住民などまでを含む）を交えた透明性の高いオープンなトリートメント・ミーティングが，最初のかかわりから一貫して必要な限り，必要な場所で，必要な頻度で継続されていくことにあります。

　そこでは，薬の使用にせよ，入退院にせよ，すべてのことが本人を含めて皆の出席するトリートメント・ミーティングの場でオープンに話し合われ，決定されるのですが，このミーティングの場における会話の進め方の大きな柱になっているのが，オープン・ダイアローグの主導者として知られるヤーコ・セイクラ（Jaakko Seikkula）が直接アンデルセンから学び，独自の文脈に適用したリフレクティング・トークです[2]。

　筆者自身，2014年の9月にケロプダス病院を訪れた際，実際のミーティングに何度か参加する機会があり，そこでの会話の自然で丁寧な様子や，誰がどの職種かも判別できないくらいのフラットな職種間の関係性などを実感しましたが，そこではリフレクティング・トークも，知らなければおそらく気づくことが難しいくらいに，さりげない形で用いられていました。

　オープン・ダイアローグにおけるトリートメント・ミーティングは，当事者や家族の要望にあわせて，自宅に訪問しておこなわれたり，外来クリニックや病院のミーティング・ルームでおこなわれます。筆者が参加したのは，外来クリニックと病院のミーティング・ルームでおこなわれたミーティングでしたが，参加人数は少なくて4名，多い時は10名近くで，必ず複数名（2名以上）の専門職が参加していました。部屋にはテーブルの周りにリラックスして座れる椅子が配置されており，参加者全員が輪になって座り，基本的に和やかな雰囲気で会話が進められます。1回のミーティングに費やす時間はおおむね1時間あまりでしたが，その間に1，2回程度，本人や家族との会話を踏まえて，専門職同士で会話するリフレクティング・トークが組み込まれていました。会話の転

---

2) アンデルセンとセイクラのかかわりについては，プラスワンポイント［オープン・ダイアローグとリフレクティング・プロセス］を参照。

換はあまり明確に構造化されておらず，全体の会話の流れを遮ることがないように，わずかな姿勢の向きや目線の変化によって専門職同士の会話の空間が生み出されていました。

　今後，日本でオープン・ダイアローグへの注目が高まっていくのにつれて，そこで用いられているリフレクティングへの関心や理解も着実に進んでいくことが期待されます。

プラスワンポイント
[オープン・ダイアローグとリフレクティング・プロセス]

　筆者がオープン・ダイアローグに出会ったのは，2013年9月，多様な領域でリフレクティングの活用が進展しているデンマークの状況を調査するなかでのことでした。デンマークでは，2004年から地域精神医療研究センターが精神医療ユーザー協会（LAP），専門職リーダー，キー・スタッフらと会合をもち，デンマークの文脈におけるオープン・ダイアローグ開発のための分野横断的ネットワークの創出を計画，2005年にオープン・ダイアローグ・ネットワーク（ODN）が設立されます。このODNが，デンマークにおけるオープン・ダイアローグの教育と研究の確立において中心的役割を果たしてきたのですが，2005年2月に開催された記念すべき会議では，5つのワークショップと，アンデルセン，セイクラによる講演，大グループによるリフレクティング形式のディスカッションがおこなわれたといいます。すなわち，リフレクティングとオープン・ダイアローグの関係は，たんにオープン・ダイアローグにおけるトリートメント・ミーティングでリフレクティング・トークが活用されていることのみには留まらないものです。

　アンデルセンとセイクラの出会いは，リフレクティング・チームの誕生からちょうど3年後の1988年3月でした。アンデルセンはその時の様子を次のように記しています。

> 1988年3月，5人のフィンランド人がやって来た。ヤーコ・セイクラとその同僚たちは，早朝，北フィンランドのトルニオを発ち，冬の嵐のなか8時間も車を走らせて，ちょうど正午にトロムソに到着した。彼らは「リフレクティング・チーム」と呼ばれる何かが北ノルウェーで生じていると聞き，それについて知りたがっていた。とても興味深いことに，彼ら自身も語るべき多くのことを有していた（Andersen 2006: 182）。

　この時期は，ちょうどセイクラたちが現在のオープン・ダイアローグにつながる最初の研究プロジェクトを始動しつつあった時でもあり，二人の出会いは，まさに機に適うものだったといえるでしょう。その後も，両者の交流と協働は着実に進展し，アンデルセンはセイクラたちの実践を国際的な広がりのなかで支えていきます[3]。

---

3) 第1章3節で紹介したアンデルセンの歩み，および，第3章2節で紹介したリフレクティング・チーム以降のアンデルセンの国際的活動を参照。

1996年のことだ。ヤーコ・セイクラと同僚たちは，すでにフィンランドでの実践を進めていた。でも彼らのやっていたことはまったく知られていなかったので，もし彼らが止めてしまったり，ヤーコに何かあったら，すべてが崩れ去ってしまうと僕には思えた。それでもう少し拠り所を確保しないといけないと考えたんだ。それが今は35カ所もあり，8つの異なる国で35のプロジェクトが進んでいる（Andersen & Jensen 2007: 171）。

　日本でも注目されつつあるオープン・ダイアローグは，たんに本人や家族，あるいはネットワークを交えたオープンなミーティングの方法のみを意味するものではなく，その文脈としてのコミュニティにおける精神医療システム全体を対話的な空間へと組織していくための基本原理といえます。そのミーティングの場において柔軟にリフレクティング・トークが用いられるという点のみに着目するなら，オープン・ダイアローグはリフレクティングを対話の促進技法として導入していると見なすことができるでしょう。しかし，コミュニティにおける精神医療システム全体の対話的組織化を志向するオープン・ダイアローグに，アンデルセンがその歩みの始まりから一貫して体現していた「既存の文脈に新鮮な風を通す」ようなあり方を読み取るなら，オープン・ダイアローグは，広義のリフレクティング・プロセスの精神医療システムにおけるひとつの現われと見なすこともできるかもしれないと筆者は考えています。

おわりに

　筆者がはじめてリフレクティング・プロセスについて知ったのは，まだ大学院生の頃，1997 年末に翻訳刊行された『ナラティヴ・セラピー――社会構成主義の実践』を通してのことだったろう。その頃，国内の社会学分野では，にわかに「臨床社会学」と呼ばれる社会学の応用・実践，さらには何らかの現実に対する積極的介入までを視野に含む多様な議論が浮上していた。今となっては一時流行の観があるそれらの議論のなかでも，筆者が強い魅力を感じたのがナラティヴ・セラピー（現在では，ナラティヴ・アプローチという名称の方が適切だろう）の一潮流として紹介されていたアンデルセンのリフレクティング・プロセスであった。

　「はじめに」でも触れた，「実行できるくらい単純な，有用と思えるくらい創造的な，どこでも行えるほど小さな，しかも我々の関心を失わせないだけの予期せぬ驚きに満ちた何ものか」というアンデルセンの言葉どおりのそのアイデアは，それを受け取った者がすぐにも実際の会話の場で用いたくなるようなごくシンプルなものだ。しかし，社会とはコミュニケーションの総体にほかならない，という社会システム論の視座を踏まえるなら，「会話についての会話」という画期的なコミュニケーションのかたちを体現したリフレクティングのアイデアは，新たなコミュニケーションのあり方，新たな社会のあり方を，そこから展望しえるものであると，最初の出会いの時も，今も筆者は考え続けている。

　その後，いくつかの偶然の出会いから，「臨床社会学者」という何の制度的裏づけもない，心許なくも自由な立場で，実際にリフレクティング・チーム形式の会話や，それを契機としたリフレクティング・プロセスを試みる機会を各所で得させていただき，その含蓄の深さと応用可能性をあらためて実感することとなった。近年，北欧を訪問した際，アンデルセンのもとで学び，ともに実践に取り組んだ人々との会話を通して，その実感はより確かなものとなりつつあるが，同時に，これまでの自身の実践を，さらに広い文脈を見据えて再検討し，変化することを今まさに促されつつもある。本書は，こうしたプロセスのなか，あくまで現時点において，いくつかの過去の思索と実践を眺めつつ，筆者なり

になぞったリフレクティング論である。

　リフレクティング・チームの形式的なわかりやすさから，それがたんなる会話の技法として受け取られがちであるのは，日本の状況に限ったことではないだろうが，アンデルセンのリフレクティングが「文脈」と「間」，「場」，そして，「ことば」に対するいかに深い洞察に裏づけられ，どれほど広いパースペクティヴを有するものか，ことば足らずの文章の行間から，いくらかでも読み取っていただければ幸いである。

　最後に，実践研究や視察調査，研究会，学会，その他の場において，筆者の内的会話を促進する多くの外的会話を共有していただいたたくさんの方々に心から感謝したい。なお，本研究の一部は，JSPS 科研費 19530543，23530797，26380819 の助成を受けたものである。また，原稿の大幅な遅延にもかかわらず，じっくりと待っていただき，本書刊行の機会を与えてくださったナカニシヤ出版の宍倉由髙さんには，深くお詫びとお礼を申し上げる。

2016 年春
矢原隆行

【参考文献】

Aalborg Universitetshospital (2013). *Handleplan 2013: Indsats patient-og pårørende inddraglese via feedbackmøder.* 現地取材時配布資料.

Andersen, T. (1987). The reflecting team: Dialogue and mata-dialogue in clinical work. *Family Process*, **26**(4), 415-427.

Andersen, T. (1992). Relationship, language and pre-understanding in the reflecting processes. *Australian and New Zealand Journal of Family Therapy*, **13**(2), 87-91.

Andersen, T. (1995). Reflecting processes: Acts of informing and forming. In S. Friedman (Ed.), *The reflecting team in action*. Guilford.

Andersen, T. (2006). The network context of network therapy: A story from the european nordic north. In A. Lightburn, & P. Sessions (Eds.), *Handbook of community-based clinical practice*. Oxford University Press.

Andersen, T. (2007a). Reflecting talks may have many versions: Here is mine. *International Journal of Psychotherapy*, **11**(2), 27-44.

Andersen, T. (2007b). Human participating: Human "being" is the step for human "becoming" in the next step. In H. Anderson, & D. Gehart (Eds.), *Collaborative therapy: Relationships and conversations that make a difference*. Routledge.

Andersen, T. (Ed.) (1991). *The reflecting team: Dialogues and dialogues about the dialogues*. Norton. (アンデルセン, T./鈴木浩二 [監訳] (2001). 『リフレクティング・プロセス―会話における会話と会話』金剛出版)

Andersen, T., & Jensen, P. (2007). Crossroads, In H. Anderson, & P. Jensen (Eds.), *Innovations in the reflecting Process*. Karnac.

Anderson, H., & Goolishian, H. (1988). Human systems as linguistic systems: Evolving ideas about the implications for theory and practice. *Family Process*, **27**, 371-393. (アンダーソン, H.・グーリシャン, H./野村直樹 [訳] (2013). 『協働するナラティヴ―グーリシャンとアンダーソンによる論文「言語システムとしてのヒューマンシステム」』遠見書房)

アリストテレース・ホラーティウス/松本仁助・岡　道夫 [訳] (1997). 『アリストテレース詩学　ホラーティウス詩論』岩波書店

Austin, J. L. (1962). *How to do things with words*. Oxford University Press. (オースティン, J. L./坂本百大 [訳] (1978). 『言語と行為』大修館書店)

Bateson, G. (1972). *Steps to an ecology of mind*. Brockman. (ベイトソン, G./佐藤良明 [訳] (2000). 『精神の生態学〔改訂第2版〕』新思索社)

Bateson, G. (1979). *Mind and nature*. Brockman. (ベイトソン, G./佐藤良明 [訳] (2001). 『精神と自然―生きた世界の認識論〔改訂版〕』新思索社)

Bertalanffy, L. (1968). *General system theory*. George Braziller. (ベルタランフィ, L./長野　敬・太田邦昌 [訳] (1973). 『一般システム理論―その基礎・発展・応用』みすず書房)

Boscolo, L., Cecchin, G., Hoffman, L., & Penn, P. (1987). *Milan systemic family therapy: Conversations in theory and practice*. Basic Books. (ボスコロ, L.・チキン, G.・ホ

フマン, L.・ペン, P. /鈴木浩二［監訳］(2000).『家族面接のすすめ方―ミラノ派システミック療法の実際』金剛出版)
de Shazer, S. (1991). *Putting difference to work*. W. W. Norton. (ドゥ・シェイザー, S. /小森康永［訳］(1994).『ブリーフ・セラピーを読む』金剛出版)
Freire, P. (1970). *Pedagogia do oprimido*. Paz e Terra. (フレイレ, P. /小沢有作・楠原 彰・柿沼秀雄・伊藤 周［訳］(1979).『被抑圧者の教育学』亜紀書房)
藤原成一 (2008).『かさねの作法―日本文化を読みかえる』法藏館
福山和女 (2009).「ソーシャルワークにおける協働とその技法」『ソーシャルワーク研究』, **34**(4), 278-290.
福山和女［編著］(2005).『ソーシャルワークのスーパービジョン―人の理解の探究』ミネルヴァ書房
Gergen, K. J. (1994). *Realities and relationships: soundings in social construction*. Harvard University Press. (ガーゲン, K. J. /永田素彦・深尾 誠［訳］(2004).『社会構成主義の理論と実践―関係性が現実をつくる』ナカニシヤ出版)
Guattari, F. (1972). *Psychanalyse et transversalité: Essais d'analyse institutionnelle*. François Maspero. (ガタリ, F. /杉村昌昭・毬藻充［訳］(1994).『精神分析と横断性―制度分析の試み』法政大学出版局)
Guattari, F. (2012). *De leros à la borde - Précédé de Journal de Leros*. Lignes. (ガタリ, F. /杉村昌昭［訳］(2012).『精神病院と社会のはざまで―分析的実践と社会的実践の交差路』水声社)
郡司ペギオ-幸夫・上浦 基 (2006).「複雑性の本質―観測由来ヘテラルキー」早稲田大学複雑系高等学術研究所［編］『複雑さへの関心（複雑系叢書7)』共立出版
Heims, S. J. (1991, 1993). *Constructing a social science for postwar America: The cybernetics group, 1946-1953*. The MIT Press. (ハイムズ, S. J. /忠平美幸［訳］(2001).『サイバネティクス学者たち―アメリカ戦後科学の出発』朝日新聞社)
広井良典 (2009).『コミュニティを問い直す―つながり・都市・日本社会の未来』筑摩書房
Hoffman, L. (1981). *Foundations of family therapy*. Basic Books. (ホフマン, L. /亀口憲治［訳］(2006).『家族療法の基礎理論―創始者と主要なアプローチ』朝日出版社)
Hoffman, L. (2002). *Family therapy: An intimate history*. W. W. Norton. (ホフマン, L. 亀口憲治［監訳］(2005).『家族療法学―その実践と形成史のリーディング・テキスト』金剛出版)
細田満和子 (2012).『「チーム医療」とは何か―医療とケアに生かす社会学からのアプローチ』日本看護協会出版会
Høyer, G. (2007). Of course I knew everything from before, but.... In H. Anderson, & P. Jensen (Eds.), *Innovations in the reflecting process*. Karnac, pp.180-185.
岩間伸之 (2005).『援助を深める事例研究の方法―対人援助のためのケースカンファレンス［第2版］』ミネルヴァ書房
鎌田重雄・上山春平 (1996).『仏教の思想6 無限の世界観「華厳」』角川書店

河本英夫（1995）．『オートポイエーシス―第三世代システム』青土社
木村　敏（2005）．『あいだ』筑摩書房
小森康永・野口裕二・野村直樹［編著］（1999）．『ナラティヴ・セラピーの世界』日本評論社
老子／蜂屋邦夫［訳注］（2008）．『老子』岩波書店
Lewin, K. (1951). *Field theory in social science: selected theoretical papers*. Harper & Brothers.（レヴィン，K.／猪俣佐登留［訳］（1979）．『社会科学における場の理論〔増補版〕』誠信書房）
Luhmann, N. (1990). *Die Wissenschaft der Gesellschaft*. Suhrkamp.（ルーマン，N.／徳安　彰［訳］（2009）．『社会の科学 1・2』法政大学出版局）
Luhmann, N. (1997). *Die Gesellschaft der Gesellschaft*. Suhrkamp.（ルーマン，N.／馬場靖雄・赤堀三郎・菅原　謙・高橋　徹［訳］（2009）．『社会の社会 1・2』法政大学出版局）
Luhmann, N. (2002). *Einführung in die Systemtheorie*. Carl-Auer-Systeme.（ルーマン，N.／土方　透［監訳］（2007）．『システム理論入門　ニクラス・ルーマン講義録1』新泉社）
ルーマン，N.／土方　透［編］（1990）．「システム理論の最近の展開」『ルーマン／来るべき知』勁草書房，pp.16-30．
松嶋秀明・徳田治子（2013）．「協働の学びプロジェクト　ナラティヴ協働合宿―多声教育法の開発」やまだようこ［編］『多文化横断ナラティヴ―臨床支援と多声教育』編集工房レイヴン
Maturana, H. R., & Varela, F. J. (1980). *Autopoiesis and cognition*. Reidel Publishing Company.（マトゥラーナ，H. R.・ヴァレラ，F. J.／河本英夫［訳］（1991）．『オートポイエーシス―生命システムとは何か』国文社）
Maturana, H. R., & Varela, F. J. (1984). *El árbol del conocimiento: las bases biológicas del conocimiento humano*. Lumen Books.（マトゥラーナ，H.・バレーラ，F.／管啓次郎［訳］（1987）．『知恵の樹―生きている世界はどのようにして生まれるのか』朝日出版社）
McCulloch, W. S. (1945). A heterarchy of values determined by the topology of nervous nets. *Bulletin of Mathematical Biology*, **7**(2), 89-93.
McNamee, S., & Gergen, K. J. (Eds.) (1992). *Therapy as social construction*. Sage Publications.（マクナミー，S.・ガーゲン，K. J.／野口裕二・野村直樹［訳］（1997）．『ナラティヴ・セラピー―社会構成主義の実践』金剛出版）
Malinen, T., Cooper, S. J., & Thomas, F. N. (Eds.) (2012). *Masters of narrative and collaborative therapies: The voices of Andersen, Anderson and White*. Routledge.（マリネン，T.・クーパー，S. J.・トーマス，F. N.［編］／小森康永・奥野　光・矢原隆行［訳］（2015）．『会話・協働・ナラティヴ―アンデルセン・アンダーソン・ホワイトのワークショップ』金剛出版）
壬生明日香・矢原隆行（2008）．「協働によるケアする人のケア―アズ・イフ（as if）を用いた社会福祉専門職のワークショップ」矢原隆行・田代　順［編］『ナラティヴ

からコミュニケーションへ—リフレクティング・プロセスの実践』弘文堂

三澤文紀（2008a）.「リフレクティング・プロセスのコミュニケーションに関する研究」『茨城キリスト教大学紀要Ⅱ, 社会・自然科学』, **42**, 257-268.

三澤文紀（2008b）.「心理臨床家のための新しいケース検討の方法—リフレクティング・プロセスを応用した『ツイン・リフレクティング・プロセス』」矢原隆行・田代　順［編］『ナラティヴからコミュニケーションへ—リフレクティング・プロセスの実践』弘文堂

光岡美里・知花絵美・川田　恵・三根　卓・森岡知江・壬生明日香・矢原隆行（2011）.「精神保健福祉領域におけるリフレクティング・プロセスの応用—スーパービジョンに代わる支え合いのコミュニケーションの可能性」『精神保健福祉』, **42**(2), 139-144.

Monk, G., & Gehart, D. R. (2003). Sociopolitical activist or conversational partner? : Distinguishing the position of the therapist in narrative and collaborative therapies. *Family Process*, **42**(1), 19-30.

日本家族研究・家族療法学会［編］（2013）.『家族療法テキストブック』金剛出版

野家啓一（2005）.『物語の哲学』岩波書店

野口裕二［編］（2009）.『ナラティヴ・アプローチ』勁草書房

野村直樹（2008）.『やさしいベイトソン—コミュニケーション理論を学ぼう！』金剛出版

Ong, W. J. (1982). *Orality and literacy: The technologizing of the word*. Methuen. (オング, W. J.／桜井直文・林　正寛・糟谷啓介［訳］（1991）.『声の文化と文字の文化』藤原書店)

大野　晋・佐竹昭広・前田金五郎［編］（1990）.『岩波古語辞典　補訂版』岩波書店

折口信夫（1929）.『古代研究　第一部　民俗学編』大岡山書店

Palazzoli, M. S., Boscolo, L., Cecchin, G., & Prata, G. (1975). *Paradox and counterparadox: A new model in the therapy of the family in schizophrenic transaction*. Giangiacomo Feltrinelli Ed. (パラツォーリ, M. S.／鈴木浩二［監訳］（1989）.『逆説と対抗逆説』星和書店)

Palazzoli, M. S., Boscolo, L., Cecchin, G., & Prata, G. (1980). Hypothesizing, circularity, neutrality: Three guidelines for the conductor of the session. *Family Process*, **19**(1), 3-12.

Penn, P. (2009). *Joined imaginations: Writing and language in therapy*. Taos Institute Publications.

Ricœur, P. (1975). La fonction herméneutique de la distanciation. In F. Dans Bovon, & G. Rouiller (Eds.), *Exegesis: problèmes de méthode et exercices de lecture*. Delachaux & Niestlé. (リクール, P.・久米　博・清水　誠・久重忠夫［編訳］（1985）.『解釈の革新』白水社)

Roberts, M. (2009). Writing and the Reflecting Process: a Dialogue with Tom Andersen and Peggy Penn. *Journal of Systemic Therapies*, **28**(4), 61-71.

Ruesch, J., & Bateson, G. (1951). *Communication: The social matrix of psychiatry*.

Norton.（ベイトソン，G.・ロイシュ，J.／佐藤悦子・R. ボスバーグ［訳］（1989）．『コミュニケーション―精神医学の社会的マトリックス』思索社）

坂部　恵（1989）．『ペルソナの詩学―かたり　ふるまい　こころ』岩波書店

坂部　恵（2009）．『仮面の解釈学〔新装版〕』東京大学出版会

Seikkula, J., Aaltonen, J., Alakare, B., Haarakangas, K., Keränen, J., & Sutela, M. (1995). Treating psychosis by means of open sialogue. In S. Friedman (Ed.), *The reflecting team in action*. Guilford.

Shannon, E., & Weaver, W. (1967). *The mathematical theory of communication*. The University of Illinois Press.（シャノン，C. E.／植松友彦［訳］（2009）．『通信の数学的理論』筑摩書房）

Simon, F. B. (Hg.). (1997). *Lebende Systeme: Wirklichkeitskonstruktionen in der systemischen Therapie*. Suhrkamp.

鈴木浩二（1994）．「北欧の家族療法家　Tom Andersen―その人柄と業績」『家族療法研究』，**11**(2), 156-163.

多賀　茂・三脇康生［編］（2008）．『医療環境を変える―「制度を使った精神療法」の実践と思想』京都大学学術出版会

高木光太郎（2011）．「ディスコミュニケーション事態の形式論」山本登志哉・高木光太郎［編］『ディスコミュニケーションの心理学』東京大学出版会

von Foerster, H. (2003). *Understanding understanding: Essays on cybernetics and cognition*. Springer.

Выготский, Л. С. (1934). Мышление и речь: психологические исследования.（ヴィゴツキー，L. S.／柴田義松［訳］（2001）．『思考と言語 新訳版』新読書社）

Wagner, J. (2009). Reflections on reflecting processes in a Swedish prison. *International Journal of Collaborative Practices*, **1**(1), 18-30.

渡部律子［編著］（2007）．『基礎から学ぶ気づきの事例検討会―スーパーバイザーがいなくても実践力は高められる』中央法規

Watzlawick, P., Beavin, J., & Jackson, D. D. (1967). *Pragmatics of human communication: A study of interactional patterns, pathologies, and paradoxes*. W. W. Norton.（ワツラヴィック，P.・ベヴン-バヴェラス，J.・ジャクソンD. D.／山本和郎［監訳］尾川丈一［訳］（1998）．『人間コミュニケーションの語用論―相互作用パターン，病理とパラドックスの研究』二瓶社）

Watzlawick, P., Weakland, J. H., & Fisch, R. (1974). *Change: Principles of problem formation and problem resolution*. W. W. Norton & Company.（ワツラウィック，P.・ウィークランド，J. H.・フィッシュ，R.／長谷川啓三［訳］（1992）．『変化の原理― 問題の形成と解決』法政大学出版局）

White, M. (2007). *Maps of narrative practice*. W. W. Norton & Company.（ホワイト，M.／小森康永・奥野　光［訳］（2009）．『ナラティヴ実践地図』金剛出版）

Wiener, N. (1948). *Cybernetics: Or control and communication in the animal and the machine* (2nd ed.). The MIT Press.（ウィーナー，N.／池原止戈夫・弥永昌吉・室賀三郎・戸田　巌［訳］（2011）．『サイバネティックス―動物と機械における制御

と通信』岩波書店）
矢原隆行（2011a）．「新しいケアの仕組みを巡る参加型アクション・リサーチの試み―電話相談ボランティアの成長に係るリフレクティング・プロセスの観点から」『電話相談学研究』, **20**(2), 11-17.
矢原隆行（2011b）．「リフレクティング・プロセス再考―リフレクティング・チームをリフレクティング・プロセスにするもの」『家族療法研究』, **28**(1), 70-77.
矢原隆行（2014）．「臨床社会学の方法としてのナラティヴ・コミュニティ・ワーク」『日本社会分析学会第128回例会及び海外学術交流会 大會手冊』, 21-24.
矢原隆行（2015）．「コンテクストに風を通す―リフレクティング・プロセスとオープン・ダイアローグ」『ナラティヴとケア』, **6**, 77-83.
矢原隆行・田代　順［編］（2008）．『ナラティヴからコミュニケーションへ―リフレクティング・プロセスの実践』弘文堂
Young, J., Saunders, F., Prentice, G., Macri-Riseley, D., Fitch, R., & Pati-Tasca, C. (1997). Three journeys toward the reflecting team. *Australian and New Zealand Journal of Family Therapy*, **18**(1), 27-37.
世阿弥／小西甚一［編訳］（2004）．『世阿弥能楽論集』たちばな出版

事項索引

ア行
アウトサイダーウィットネス　74
悪循環　10, 42
アズ・イフ・プロセス　113

イシュー関係者　28
イシュー提供者　28
出雲の国の造の神賀詞（いずものくにのみやつこのかむよごと）　79
一般システム論　5
入れ子構造的な会話　36
インターセッション　11
インドラの網　76

うつし　77
顕し事　79
うつしのわざ　82

MRI（Mental Reseach Institute）　6
円環性　12
円環的質問法　12

オートポイエーシス（autopoiesis）　51
オートポイエティック・システム　51
オープン・ダイアローグ　69, 138
オールボー大学病院　137

カ行
外在化　58
外的会話　24
介入　11
会話の作法　37
会話のパートナー　70
鏡の隠喩　49
かさねの作法　80

仮説設定　12
家族療法　3
かたり　72
カルマル刑務所　68

機会の涵養　56
聞かなくてもいい自由　39
基準器自体の齟齬　120
狭義のリフレクティング　19, 107
協働　117

グループスーパービジョン　86

ケア会議　101
ケアカンファレンス　101
ケース会議　101
ケースカンファレンス　101
ケロプダス病院　138
言語　55
言語システムとしてのヒューマンシステム　71
広義のリフレクティング　19, 107
構造的カップリング　54
口頭によるコミュニケーション　58
個人スーパービジョン　86
コミュニケーション・システム　48
コミュニケーション焦点化パターン　100
コミュニケーション・モデル　3
コミュニケーション理論　6
コラボレイティヴ・アプローチ　14
コンスタティヴな水準　63

サ行
再著述療法　70
サイバネティクス　5
差異を生む差異　12, 74
作動上の閉鎖性　52

質的研究　135
社会構成主義　70
社会政治的な活動家　70
住民座談会　136
症状の処方　9
情報理論　5
事例研究　102
事例検討　101
事例提供者　103
心的システム　49

垂直性　68
水平性　68
スーパーバイザー　86
スーパーバイジー　86
スーパービジョン　85

精神病トリートメントのための国際的ネットワーク（The International Network for the Treatment of Psychoses）69
制度分析　66
制度を使った精神療法　65
絶好の機会（Gelegenheit）　56
セッション　11
セルフスーパービジョン　87
専門職連携教育　117

疎隔　58

タ行
第一次サイバネティクス　49
第一次の禁止命令　7
第一次変化　9

対抗パラドックス　11
第三次の禁止命令　7
第三のコミュニケーション　60
第二次サイバネティクス　13, 49
第二次の禁止命令　7
第二次変化　9
多部署・多機関による会議　132
ダブルバインド　6

チャイルドラインびんご　107
中立性　12
治療的ダブルバインド　9

ツイン・リフレクティング・プロセス　88

ディスコミュニケーション　119
手紙　61
適度な差異　42, 74

ナ行
内的会話　24
斜め性　65
ナラティヴ　70
ナラティヴ・アプローチ　13, 70
ナラティヴ・コミュニティ・ワーク　136
ナラティヴ・セラピー　13, 70

二次的観察　48
入力と出力の不在　52

ハ行
場　31
バイザー焦点化パターン　100
バイジー焦点化パターン　99
はなし　72
はなしする二人（Two Talking Persons）46
パフォーマティヴな水準　63

ピアスーパービジョン　87
ヒエラルキー（hierarchy）　62

ファシリテーター　121
フィードバック・ミーティング　137
プレセッション　11
文脈　18
文脈に内在する矛盾　9

閉鎖性にもとづく開放性　53
ヘテラルキー（heterarchy）　62

ポストセッション　11

マ行
間　31
マクロ・レベル（多領域間の協働体制）　117

ミクロ・レベル（同一機関内の協働体制）　117
ミメーシス　81
ミラノ・システミック・モデル　5, 10
ミラノ派　10

無知のアプローチ　70

メゾ・レベル（多機関間の協働体制）　117
メタ・コミュニケーション　6
メタ認知　51

面接者　28
盲点　50
文字によるコミュニケーション　59
もどき　80
問題創出システム（problem-created system）　19

ヤ行
大和言葉　72

ユニットスーパービジョン　87
ゆるふ　75

ラ行
ライブスーパービジョン　87
ラ・ボルド精神病院　65

理想的対話状況　119
リフレクティング　17
リフレクティング・チーム　17, 24
リフレクティング・トーク　24
リフレクティング・トップ　25
リフレクティング・トライアングル　31
リフレクティング・プロセス　24
リフレクティング・ポジション　24

連携　117

ワ行
ワンウェイ・ミラー　10

人名索引

A–Z

Austin, J. L.　*63*
Heims, S. J.　*5*
Jensen, P.　*25, 113, 142*
Malinen, T.　*13, 15, 24, 38, 75*
McNamee, S.　*20, 70*
Ong, W. J.　*59*
Simon, F. B.　*56*
Выготский, Л. С.　*59*
Watzlawick, P.　*9*
Weaver, W.　*5*
Young, J.　*62*

ア行

アリストテレス　*51, 81*
アンダーソン（Anderson, H.）　*13, 19, 38, 70, 72*
アンデルセン（Andersen, T.）　*ii, iii, 3, 5, 9, 13-20, 23-25, 27, 29, 31, 38, 40, 42, 46-49, 51, 56, 61, 68-72, 74-76, 113, 135, 141-144*
岩間伸之　*102*

ヴァレラ（Varela, F. J.）　*51-54*
ウィーナー（Wiener, N.）　*5*
上山春平　*77*
ウリ（Oury, J.）　*65, 67*

エッシャー（Escher, M. C.）　*57*
エプストン（Epston, D.）　*70*
エリクソン（Erickson, M. H.）　*9*

折口信夫　*80, 81*

カ行

ガーゲン（Gergen, K. J.）　*20, 70, 71*
ガタリ（Guattari, P.）　*65-68, 76, 79*
鎌田重雄　*77*
上浦　基　*64*
河本英夫　*51*

木村　敏　*8*

グーリシャン（Goolishian, H. A.）　*19, 70-72*
郡司ペギオ幸夫　*63, 64*

ゲハート（Gehart, D.）　*70, 71*

小森康永　*70*

サ行

坂部　恵　*72, 73, 76, 78, 79*

ジャクソン（Jackson, D. D.）　*6*
シャノン（Shannon, E. D.）　*5*

スペンサー＝ブラウン（Spencer-Brown, G.）　*49*

世阿弥　*27*
セイクラ（Seikkula, J.）　*13, 139, 141*

タ行

高木光太郎　*119*
多賀　茂　*65, 66*

チキン（Cecchin, G.）　*10*

ドゥピュセ（Depussé, M.） 67
徳田治子 136
ド・シェイザー（de Shazer, S.） 4

ナ行
野家啓一 73
野口裕二 70
野村直樹 6, 10, 70

ハ行
ハーバーマス（Habermas, J.） 119
パラツォーリ（Palazzoli, M. S.） 10-12

ビューロー＝ハンセン（Bülow-Hansen, A.）
　19, 74, 75

フィリベール（Philibert, N.） 65
フェルスター（von Foerster, H.） 13
福山和女 86, 117, 118
藤原成一 80
プラータ（Prata, G.） 10
フレイレ（Freire, P.） iii

ベイトソン（Bateson, G.） 5-10, 12, 19,
　34, 42, 74
ベルタランフィ（von Bertalanffy, L.） 4,
　5
ペン（Penn, P.） 61

ホイヤー（Høyer, G.） 68
ボスコロ（Boscolo, L.） 10
細田満和子 119

ホフマン（Hoffman, L.） 5, 12, 17, 18
ホワイト（White, M.） 13, 70, 71, 74

マ行
マカロック（McCulloch, W. S.） 62
松嶋秀明 135, 136
マトゥラーナ（Maturana, H. R.） 51-54

三澤文紀 20, 88
光岡美里 93
壬生明日香 113
三脇康生 65, 66

モンク（Monk, G.） 70, 71

ヤ行
矢原隆行 107, 113, 136

ラ行
リクール（Ricœur, P.） 58

ルーマン（Luhmann, N.） 49, 51-53, 55,
　56, 59, 60, 76, 78

レヴィン（Lewin, K.） 76

老子 32

ワ行
ワグナー（Wagner, J.） 68, 69
渡部律子 102

著者紹介

矢原隆行（やはら　たかゆき）
1968 年／宮崎県生まれ
1991 年／九州大学文学部卒業
2000 年／九州大学大学院文学研究科博士後期課程単位取得退学
現在／熊本大学大学院社会文化科学研究科教授

著書に
『リフレクティングの臨床社会学——ケアとダイアローグの思想と実践』（青土社，2023）
『トム・アンデルセン 会話哲学の軌跡——リフレクティング・チームからリフレクティング・プロセスへ』（金剛出版，2022）

共訳書に
J. A. ホルスタイン & J. F. グブリアム『アクティヴ・インタビュー——相互行為としての社会調査』（せりか書房，2004）
T. マリネンほか『会話・協働・ナラティヴ——アンデルセン・アンダーソン・ホワイトのワークショップ』（金剛出版，2015）

リフレクティング
会話についての会話という方法

2016 年 9 月 10 日	初版第 1 刷発行
2024 年 5 月 25 日	初版第 5 刷発行

著　者　　矢原隆行
発行者　　中西　良
発行所　　株式会社ナカニシヤ出版
〒606-8161　京都市左京区一乗寺木ノ本町 15 番地
Telephone　075-723-0111
Facsimile　075-723-0095
Website　http://www.nakanishiya.co.jp/
Email　iihon-ippai@nakanishiya.co.jp
郵便振替　01030-0-13128

印刷・製本＝ファインワークス／装幀＝矢原隆行・白沢　正
Copyright © 2016 by T. Yahara
Printed in Japan.
ISBN978-4-7795-1099-1 C3011

本書のコピー，スキャン，デジタル化等の無断複製は著作権法上の例外を除き禁じられています。本書を代行業者等の第三者に依頼してスキャンやデジタル化することはたとえ個人や家庭内での利用であっても著作権法上認められていません。